Frédéric Lionel

Das Spiel der Spiele – Tarot

FRÉDÉRIC LIONEL

Das Spiel der Spiele
TAROT

Initiation und Schaltsymbolik des Schicksals

AURUM VERLAG · FREIBURG IM BREISGAU

Der Titel der bei Editions du Rocher, Monaco,
erschienenen französischen Originalausgabe lautet:
Le Tarot magique.
Deutsche Übersetzung von Bruno Nüsser in der Fassung
des Autors.

Entwurf, Symbolik und Grafik der dem Werk beigegebenen
22 farbigen Spielkarten: Frédéric Lionel.
Ausführung der Entwürfe: Odile Pinault.

Mit 22 Schwarzweißillustrationen.

CIP-Kurztitelaufnahme der Deutschen Bibliothek

Lionel, Frédéric
Das Spiel der Spiele: Tarot: Initiation u.
Schaltsymbolik d. Schicksals / Frédéric Lionel.
(Dt. Übers. von Bruno Nüsser in d. Fassung d.
Autors.) – Freiburg im Breisgau: Aurum Verlag,
1982
Einheitssacht.: Le Tarot magique ‹dt.›
ISBN 3-591-08179-5

1982
ISBN 3 591 08179 5

Satz und Druck: Druckerei und Verlag Karl Schillinger,
Freiburg im Breisgau.
Bindung: Walter Verlag GmbH, Buchbinderei, Heitersheim.
Printed in Germany.

INHALT

Vorwort

Die Lehren, die einst in den Tempeln der Einweihung - in Ägypten wie in Griechenland - vermittelt wurden, dienten der vollen Entfaltung der Vernunft. Der Myste sollte lernen, seine Kräfte aus den Schranken der Unkenntnis zu befreien. Den Weg wiesen ihm die Weisen mit ihrem wohlgehüteten Wissen, der geoffenbarten Gnosis, die, vor Entweihung bewahrt, von einer Generation an die nächste weitergereicht wurde. Diese Weisheit in der symbolischen Rebusform einem Spiel anzuvertrauen, war sicherlich ein genialer Gedanke.

Den Erben einer der ältesten Überlieferungen der Menschheit sollte es möglich sein, die Botschaften zu entziffern, die sich in den Arkanen des Tarot verbergen - von allen Zusätzen, die sie so oft entstellten, befreit. In einem Zurück zur symbolischen Grafik können sie dem modernen Menschen voll zugänglich gemacht werden und ihm den Weg weisen, der Etappe um Etappe vom mentalen zum übermentalen Verständnis führt. Die symbolische Grafik, dem Rhythmus unserer Zeit angepaßt, vermag sehr wohl das Wesen einer Magie oder auch mystischen Weisheit zu offenbaren. Sie bezeichnet eine Erkenntnis, die den geheimen Gesetzen des Lebens, wirkend in den Abgrundtiefen der Natur, entspringt. In ihrer Durchsichtigkeit erleichtert die symbolische Grafik das globale Verständnis einer Initiation, einer Einweihung, die zutiefst den geistigen Fortschritt überhaupt, aber auch den spezifisch wissenschaftlichen Fortschritt des Abendlandes beeinflußt hat.

Ein Spiel aus 22 Karten, die den 22 Großen Arkanen entsprechen, ist diesem Buch beigegeben. Es öffnet der Wahrsagekunst eine neue Dimension. Denn sie berief sich, seit eh und je, auf den Tarot, den geheimen Spiegel einer uralten Weisheit.

I

Die hermetische Gnosis und die Einweihung in die Geheimwissenschaft des Tarot

1
Helles und dunkles Epos

Hell und dunkel ist der Weg des Menschen, der seit jeher versucht, die Geheimnisse der Welt zu erkunden, in der sich sein Schicksal vollzieht. Ihm diese Aufgabe zu erleichtern, mag der Sinn jener Botschaften sein, die die Weisen von alters her an die Nachwelt richteten. Sie vertrauten sie Symbolen an, die in ihrer geheimnisvollen Umhüllung ewig lebende Gedanken übermitteln. Ihre Geheimsprache zu entziffern, lädt der Tarot den Sucher ein. »Wer suchet, der höre nicht auf zu suchen, bis er gefunden hat«, sagte Jesus; »denn wenn er gefunden hat«, meinte Pythagoras, »kann er sich in den strahlenden Äther erheben, um unter den Unsterblichen selbst ein Gott zu sein.« Spiegeln diese dem Philosophen zugeschriebenen Worte stolze Anmaßung wider, oder sind sie, im Gegenteil, Ausdruck der hohen Berufung des Menschen? Die Werke des Pythagoras haben den geistigen Weg des Abendlandes zutiefst beeinflußt. Der Mensch, so heißt es, müsse den ganzen Weg durchschreiten, der von den Tiefen des Unwissens zum Licht der Erkenntnis führt.

Ein unsterblicher Gott entspricht im Sinne des Mythos nicht nur einer personifizierten archetypischen Kraft, sondern auch einem Weisen, der durch die Erforschung der Geheimnisse dieser Welt all seine Fähigkeiten erweckt. Die Entfaltung seines Bewußtseins ermöglicht ihm dann, zu den Höhen des Akasha aufzusteigen, ein Sanskrit-Wort, das im übertragenen Sinn »strahlender Äther« bedeutet. Auf diesem Gipfel verläßt der Weise die Welt der vergänglichen Formen, um sich den Gestaden des Universums zu nähern, in dem ausschließlich Harmonie herrscht. Nicht mehr von Kriterien der rationalen Weltauffassung beschränkt, wirkt er im Sinne des kosmischen Fortschritts, der vorsieht, daß die in der Mutter Erde verwurzelten Menschen eines Tages doch die vom Lichte des Geistes überstrahlten Gipfel erreichen.

Es gab zu allen Zeiten Unterweiser, Gurus und Meister. Doch fünf »Übermenschen« leiteten den gegenwärtigen Zyklus ein, der wohl mit dem Eintritt des Sonnensystems in das Tierkreiszeichen des Wassermanns zu enden scheint. Sie hießen: Buddha, Zoroaster, Laotse, Konfuzius, Pythagoras, und ihre Lehre bereitete den Boden für die von Jesus verkündigte Religion der Liebe.

Davor blühten andere Zivilisationen, und erstaunliche Funde bestätigen eine unerhörte Meisterschaft nicht nur auf dem Gebiet des Handwerks, der Kunst und der Architektur, sondern auf vielen anderen Ebenen.

Die Zivilisation des alten Ägypten entwickelte sich bis hinauf zu ihrem Höhepunkt, weil der Regierung der vergöttlichten Könige, der Pharaonen, Eingeweihte angehörten, die sich mit den Gesetzen, die das Sichtbare und das Unsichtbare beherrschen, identifizierten – mit den Gesetzen des Lebens, die sich im »Duat« offenbaren, der Welt der Verwandlungen.

Der moderne Mensch gibt schwerlich zu, daß die Zivilisation der Pharaonen eine magische war. Denn er lehnt einen Begriff ab, der Wirkkräfte auf der Bais von Kenntnissen voraussetzt, die der heutigen wissenschaftlichen Forschung fremd und unbeweisbar sind. Dabei wird vergessen, daß die Magie der einen Epoche sich zur Wissenschaft einer anderen wandeln kann, und daß die einst bekannten Wirkungsmöglichkeiten sich von den heutigen unterscheiden können.

Der Tarot, dessen Ursprung dem Gott Thot zugeschrieben wird, dem Gott des »Wortes«, des Lebenshauches, einem Gott des alten Ägypten, könnte durch seine Botschaft das Mysterium des kosmischen Hauches lüften, der in gigantischer Diastole und Systole die Weltseele vorstellt. Dann würde das Mysterium des »Wortes« eine Deutung erfahren und das Geheimnis nach dem Warum seines Abrollens, eine der grundlegenden Fragen, die sich die Menschen stellen, gelöst werden.

Wenn im Garten Eden alles vollkommen war, warum wurde Eva von der Schlange verführt? Wenn im Garten Eden alles göttlich war, also auch die Schlange, warum gab sie den Anstoß zu dem großen ewig dauernden Abenteuer der Menschheit, das so viele Leiden nach sich zieht? Fragen ohne Antworten, denn der Wille Gottes ist unerforschlich. Ist er es wirklich? Gewiß, doch gleichzeitig bleibt die bohrende Beharrlichkeit einer Vorstellung, die den Menschen berufen sieht, die Welt des Dualismus zu erforschen – nach dem Geheimnis seines Ursprungs, nach dem Ende, dem Wozu. Sagte nicht Jesus, derjenige, der den Ursprung kenne, werde auch das Ende kennen und somit vom Tode befreit sein? Die Welt und ihr Mysterium sind das Laboratorium, in dem jeder selbst seine Unsterblichkeit zu destillieren hat, meint der Alchimist. So könnte der

Tarot den verborgenen Sinn des »Großen Werkes« der Alchimisten offenbaren, die im Universum den Athanor sehen, den Schmelzofen der Wandlungen, die, nie endend, dem neuen Menschen, dem zukünftigen Übermenschen, eine Matrix bereiten.

Vielleicht liegt hier der Sinn des sich entrollenden Wortes. Der erwachte Mensch könnte durch die Entfaltung seines Bewußtseins zur Vision einer transzendenten Harmonie gelangen, die ihn, nicht im physischen, sondern im metaphysischen Sinne zur Unsterblichkeit führt. Er könnte im vollen Bewußtsein seine vergängliche Form verlassen und die Schwelle zwischen der Welt des »Werdens« und der Welt des »Seins« überschreiten. Dies könnte das Ziel der irdischen Entwicklung sein. Und der »Weise« oder »Magier« würde demnach den Geist offenbaren, der ihm innewohnt, um mitzuhelfen, in vollster Erkenntnis des kosmischen Plans alles Bestehende der Vollkommenheit zuzuführen. Die Evolution wäre also das Gesetz des Lebens. Sie würde in einen neuen Garten Eden führen, paradiesischer Ausgangspunkt einer neuen Entwicklung, in der das unermeßliche Bewußtsein einer undenkbaren Realität durch neue Erfahrungen bereichert würde. Lassen wir die metaphysischen Spekulationen und befassen wir uns mit der magischen Kultur des alten Ägypten. Der Tarot fordert dazu auf.

Die Genesis offenbart die Reife dieser Zivilisation, denn wir verdanken sie Moses, der in die Weisheit der Pharaonen eingeweiht war. Die Genesis überliefert, Gott habe den ersten Adam aufgefordert, alle Dinge zu benennen, auf daß sie seien. Dies bezeugt den Vorgang der Schwingung, also des Rhythmus, der allem Bestehenden seine spezifische Eigenschaft verleiht. Der Rhythmus, der Hauch des »Wortes«, ist Ausdruck der Bewegung des Lebens; er hat sein eigenes Gesetz, und die Kenntnis des Gesetzes des Rhythmus gehörte zur Einweihung in die Mysterien, also zur Einweihung in die Gesetze der okkulten Energien, zur Einweihung in die Geheimwissenschaft. Diese Energien zu erkennen, zu konzentrieren und zu leiten, ermöglichte, sekundäre Phänomene hervorzurufen, und dieses Vermögen war magischer Akt.

Die Archive der Magie sind die Bücher des Thot, also des Hermes der Griechen, des mutmaßlichen Urhebers des Tarot, wie auch die ägyptischen und tibetischen Totenbücher. Auch sollen die Pyramiden, die Dolmen und viele andere Altertümer nicht vergessen werden. So verstanden, war die Magie die Wissenschaft des Ineinanderwirkens unsichtbarer Kräfte, und diese unsichtbaren Kräfte wurden personifiziert zu den »Neter«, den Göttern der Ägypter.

Das Charakteristische an der altägyptischen Zivilisation ist die Tatsache, daß Heiliges und Alltägliches eng miteinander verknüpft waren. Der Pharao war ein Eingeweihter – deshalb seine Autorität. Ihm schrieb man die Vollkommenheit des kosmischen Menschen nach zahllosen Existenzen zu, eine Vollkommenheit, die ihm alle Attribute der Macht verlieh, und diese Macht entsprach der überweltlichen Weisheit, deren Symbol er war.

Vollkommenheit konnte jedoch jeder erreichen, der im Innesein und im Lichte des Geistes die Einweihung in die Mysterien der »Dinge des Lebens« anstrebte und entschlossen die Prüfungen bestand, die über Eignung und Mut entschieden. Die Einweihung konnte in der Tat nur denen zuteil werden, die bereit waren, die Schwierigkeiten und die mit ihnen verbundene Verantwortung auf sich zu nehmen; die bereit waren, selbst dem physischen Tod entgegenzusehen, um das Unsterbliche zu befreien. »Der Mensch, der das Wahre sucht, ist allein mit sich selbst wie der Kern im Fleische der Frucht«, sagt ein initiatischer ägyptischer Text, und der Verfasser fährt fort: »Werde im Kern der lebende Keim, dann wirst du diejenigen aus der Menge anziehen, die zum Kern gehören. Wenn du lebend bist, empfangen sie von dir, was jedes Wesen der Erde je nach Eignung und Begehr von seiner Sonne empfangen kann.«

Die indo-europäische Tradition mit der durch griechische Klarheit verständlich gewordenen ägyptischen Magie macht den modernen Europäer zum Erben dieser Überlieferung, zum Glied einer Kette, deren Mörtel das kollektive Unbewußte ist, das die Quintessenz einer von der Menschheit in langer, langer Vergangenheit durchlebten Erfahrung in sich birgt.

Im Kybalion, dem Buch der ägyptischen Magie, ist in bildhafter Sprache gesagt, was zusammengefaßt etwa folgendermaßen lautet: Alles ist Geist. Alles schwingt. Alles ist zweifach. Alles entwickelt sich im Rhythmus der Zeit. Jede Ursache hat eine Wirkung. »Was unten ist, ist gleich dem, was oben ist. Das männliche und das weibliche Prinzip sind in allem.«

Der Pharao war dank seiner göttlichen Abstammung der Hüter eines Schatzes, den Ammon, Symbol des Sonnengeistes, ihm anvertraut hatte. »Wisse«, heißt es in einem Text der Pyramiden, und Ammon ist der mutmaßliche Sprecher, »daß ich dir das Geheimnis der von den Menschen unverstandenen, ihnen unbekannten Wahrheit anvertraue: das Geheimnis der Jahreszeiten, der Zeit, der Tage und Nächte, und die Einflüsse, die aus ihren geheimen Kräften strömen. Denke daran bei jeder Handlung und hüte den Schatz wohl!«

Die Wissenschaft beginnt, diese geheimen Kräfte zu studieren. »Psi«-Phänomene werden nicht mehr geleugnet. Esoterische, also magische Heilung wird offen ausgeübt. Die Möglichkeit, subtile Energien zu bündeln und zu lenken, um telepathische oder telekinetische Phänomene zu erzeugen, wird zugegeben. Mit einem Wort: das Okkulte wird nicht mehr mit Verachtung behandelt, und zahlreich sind die Publikationen, in denen Probleme der Seelenwanderung, des Karma und der Parapsychologie angeschnitten werden. – Aus einzelnen Perlen macht erst der verbindende Faden eine Kette. Wenn man in die vom Tarot übermittelte Geheimwissenschaft eindringt, in seine sogenannten Arkane, entdeckt man den Faden, der die Verbindung zwischen der Erkenntnis von einst und dem Wissen von heute herstellt, zwischen dem geoffenbarten und dem wahrgenommenen Mysterium, zwischen der Weisheit und der Wissenschaft. Offenbarung und Wahrnehmung sind die beiden Pole einer einzigen Wahrheit. Die Offenbarung beleuchtet das Innen der Dinge, die Wahrnehmung das Außen, um zusammen das »Numen« der Erscheinungen, das Wesentliche, zu umfassen. »Wenn du«, um mit Jesus zu sprechen, »aus zwei eins machst, eins aus dem Mann und der Frau, damit das Männliche nicht mehr männlich und das Weibliche nicht mehr weiblich sei, wenn du aus oben unten und aus unten oben, wenn du aus innen außen und aus außen innen machst, dann wirst du ins Himmelreich eingehen.« Das Bewußtwerden einer transzendenten Wahrheit, einer Wesenswirklichkeit, die die Erscheinungen der Welt verhüllen, hat nichts mit Neugierde zu tun, sondern ist in der kosmischen Ordnung eingezeichnet, die den Menschen dazu anhält, das Abrollen des »Wortes« bewußt zu erleben. Vor tauben Ohren verlöre die schönste Symphonie ihren Sinn, ja ihre Realität.

Die Zivilisation der Pharaonen war magisch, sofern man unter Magie ein mystisches Wissen versteht. Das gesamte Wirken des ägyptischen Volkes im Alltäglichen, im religiösen, im künstlerischen und im medizinischen Bereich war einem mystischen Wissen unterstellt. Das Wort *Magie* stammt aus dem Sanskrit; die Wurzel *Maj* drückt die Idee einer Erhöhung aus, wie auch das Wort *Major* im Militärbereich. Der Begriff »mystisches Wissen« bedeutet Weisheit, denn der »Myste« bezeichnete jenen, der in die Geheimlehre eingeweiht worden war. Die Weisheit von einst, wie auch diejenige von heute, entspringt der fundamentalen Einheit des Universums. Daß Materie zu Licht werden und Licht sich zu Materie verdichten kann, entspricht den Forschungsergebnissen moderner Wissenschaft. Ihnen läßt sich entnehmen, daß die fortschreitende Vergeistigung der Natur dem Evolutionsgesetz folgt, dem Gesetz des Lebens, und daß die Erweiterung des Bewußtseins schrittweise zu einer globalen Vision des kosmischen Plans führt, an dem mitzuarbeiten der Mensch berufen ist. Der erwachte Mensch begreift, daß das Sichtbare und das Unsichtbare derselben Welt angehören, seiner Welt, und daß er, auch wenn die Weiten des Firmaments in seiner Seele den Gedanken des Unergründlichen hervorrufen, dennoch aufgefordert ist, diese Weiten zu ergründen. Solche Ergründung gibt ihm die Antwort auf die quälende Frage: »Was ist das Leben, und was ist der Sinn meines Daseins auf Erden?«

Tief ist das Geheimnis, aber »nichts Verborgenes ist, das nicht offenbar werden soll«. Vielleicht lebt der Tarot aus diesem Grunde heute wieder auf und erregt so viel Interesse, weil der moderne Mensch unterbewußt begreift, daß er diese Erforschung erleichtern könnte. Er begreift, daß der Fortschritt den Begriff »Zeit« nicht kennt, daß die Erfahrungen der Menschheit sich über Äonen erstrecken, daß sie gemacht werden sollen, um eines Tages zur Vollkommenheit zu gelangen, also zum Erwachen, demzufolge das Bewußtsein das Unermeßliche und das Endliche umfassen kann.

Der Myste, der Eingeweihte im alten Ägypten, erkannte, daß die Todsünde in der Weigerung bestand, sich dem Göttlichen Gesetz zu unterwerfen, und daß der durch den Pharao verkörperte wahre Glaube zu einer im Einklang mit den Vorfahren schwingenden Harmonie der Seele führte. Er verstand, daß der Pharao das Symbol der schöpferischen kosmischen Energien war, daß eines seiner Szepter den Rhythmus der Ewigkeit, das andere die drei Aspekte des »Seins« in der Einheit des Geistes versinnbildlichte. Er verstand, daß seine zwei Kronen, die von Unter- und die von Oberägypten, den Sinn des Werdens sowie die Rückkehr zur Ureinheit auf mystische Weise zum Ausdruck brachten. Er verstand, daß die Menschen, bewußt oder unbewußt, Magier sind, da das Universum ein magisches Ganzes ist, das im Pulsieren der Strahlungsenergien einer nie endenden Wandlung unterworfen ist. Somit war kein Bereich des menschlichen Wirkens der Magie fremd. Er betrachtete sie als eine Leiter, die der Mensch hinaufsteigen konnte, da sich durch sie die transzendente Harmonie im Ineinanderwirken unsichtbarer Energien als innewohnende Logik offenbarte. Er verstand, daß die göttliche Ideation den magischen Formen voranging, aber auch, daß der Neter der Neterou, der Gott der Götter, einzig, unbegrenzt und unvorstellbar war.

Die Ägypter waren auf ihre Art Monotheisten, aber erst Echnaton (†um 1348 v. Chr.) verstärkte diese Entwicklung durch seine Reform. In der Überzeugung, daß die Ammonpriester zu mächtig geworden seien, auch zu reich, und ermutigt durch seine Mutter Tii und seine Gattin Nofretete, erhob er Aton, das Symbol der Sonnenscheibe, das Bild des lebenerzeugenden geistigen Seins, zur Würde des obersten und einzigen Gottes. Echnaton verwirklichte seinen Wunschtraum, aber sein Erfolg war von kurzer Dauer. Sein Nachfolger Tut-ench-Amon kehrte zum Schutzgott zurück, und Ammon triumphierte wieder - eine Zeitlang, denn schon warteten feindliche Eindringlinge darauf, das Reich zu zerstückeln. Echnaton war der Meinung, daß nur neue, von wahrer Begeisterung getragene Menschen die geheimen Wurzeln einer geläuterten Religion wiederentdecken könnten, einer Religion der Liebe. Indem er die Standbilder Ammons zerstörte, dachte er, der geistigen Sendung Ägyptens zu neuer Geltung zu verhelfen. Moses, der - möglicherweise durch seinen Schwiegervater Jetro in einem Tempel in der Wüste von Madan – in das Wissen der Pharaonen eingeweiht war, wurde vielleicht vom Geist der Echnaton-Religion beeinflußt. Gewiß jedoch ist: Als sich Moses an die Stämme Israels wandte, um sie aus Ägypten zu führen, wählte er neue Menschen. Er versuchte, ihnen wahre Begeisterung einzuflößen und übergab ihnen die Bundeslade, der er den Zauberstab Aarons, ein Omer Manna und die heiligen Bücher der Genesis sowie der Zahlenmystik anvertraute. »Gott schuf alles mit Gewicht, Maß und Zahl«, heißt es in der Bibel. Der Stab Aarons kann als ein Maß angesehen werden; ein »Omer« ist ein Gewicht, und die Zahlenmystik enthüllt die rhythmischen Beziehungen des Universums.

»Wer Rhythmus sagt, spricht von Frequenz, und Frequenz kann in Zahlen ausgrdrückt werden.« Der Tarot, eine uralte Weisheit übermittelnd, offenbart auf seine Weise die Philosophie der Zahlen als Schlüssel der sichtbaren Welt.

Die Bibel sagt: »Als Gott ihn zum König krönte, erhielt Moses einen geheiligten Namen. Er wurde mit Licht gekrönt und in einen Mantel aus Klarheit gehüllt. Auf einem himmlischen Thron sitzend, wurde er Hüter des Zepters des göttlichen Feuers.« Diese Beschreibung erinnert in ihrer Symbolik an die Krönung eines Pharao. Vielleicht hat Moses Ägypten an dem Zeitpunkt verlassen, als eine mehrtausendjährige Theokratie einer Verdunkelung entgegenging; vielleicht, um das Aufsteigen einer neuen »Sonne« im Gelobten Land vorzubereiten. Wie dem auch sei, die Weisheit, die der Mörtel jener Theokratie war, wird uns durch die Arkane des Tarot zugänglich gemacht.

Das Wort *Arkan*, wie auch das Wort *Arche*, hat als Wurzel *arca*, Mysterium bedeutend. Was wir gemeinhin ein Spiel nennen, veranlaßt uns, die Geheimnisse unserer Welt zu ergründen, und das um so dringlicher, als wir das Ergebnis der Vergangenheit sind. Im Bewußtsein der Gegenwart und als Keim der Zukunft sollen wir unsere Erbschaft anfordern und sie im Rhythmus unserer Zeit verständlich machen.

Die großen Zivilisationszentren der Alten Welt waren Mu und Atlantis. Vergessen wir nicht, daß unsere Ahnen einen nicht geoffenbarten Gott verehrten, den die Sonne versinnbildlichte, die Quelle aller Erscheinungen und allen Lebens. Alle von Mu und Atlantis stammenden Zivilisationen waren im eigentlichen und im übertragenen Sinne Sonnenzivilisationen. Die physische Sonne war nichts anderes als das Symbol der geistigen Sonne. Unsere Ahnen sahen in den Planeten, der Erde und dem Mond verschiedene Aspekte eines einzigen göttlichen Sonnenwesens. Ammon-Ra, Aton, Apollo und Zoroaster vermitteln mythisch die Offenbarung der göttlichen Energie, Urprinzip des Einen, der alle Formen annehmend, seine Einheit betont. Die Philosophie der Zahlen, die Pythagoras als Eingeweihter der ägyptischen Tempelweisheit nach Europa brachte, stützt sich auf diese Vorstellung in der Behauptung, daß das Eine alle Zahlen enthalte, aber von keiner umfaßt werde.

Da der Tarot eine uralte Weisheit übermittelt, deren Hüter der Pharao war, Priester-König und Symbol des schöpferischen »Wortes«, ist nach dem Bindemittel zu fragen, das aus der ägyptischen Theokratie das dauerhafteste Regierungssystem der Menschheitsgeschichte machte. Die Antwort ist einfach: Das Bindemittel war die heilige Wissenschaft, die Erkenntnis der göttlichen Offenbarung, also die Wissenschaft des Thot, des Meisters der göttlichen Worte, von Ptah, dem Gott des Atems, ausgehaucht. Die in den Tempeln aufbewahrten heiligen Bücher des Thot-Hermes umfaßten Mythen, Riten, Kulte, sakrale Heilkunst, Geometrie, Astrologie und die initiatische Wissenschaft, die den Zugelassenen einer neuen Geburt zuführte. So konnte jeder durch Erkenntnis die Vollkommenheit erreichen, wenn er seine vitalen Kräfte und seine intellektuellen Fähigkeiten genügend entwickelt hatte, um in der Transparenz des Körpers die Seele zu befreien. Aber nur nach sorgfältig abgestuften Prüfungen war einer Elite der Zugang zum Heiligtum gestattet, um in seiner inneren Stille den Schleier zu lüften, der das Mysterium des Schicksals der Menschen verhüllt.

Osiris als Sohn Ammons versinnbildlichte die schöpferische Kraft, Horus, sein Sohn, den geläuterten Geist des Menschen. Dazu war er fähig, weil Isis, sich entschleiernd, ihm das Geheimnis des menschlichen Daseins anvertraute. Der so Eingeweihte nahm dann an der Fahrt der Sonnenbarke teil und wurde Mitwirkender des Logos, des Göttlichen Gesetzes. Der Zyklus der Wiederverkörperung war für ihn beendet.

Diesen Weg, der über die Einweihung zur Meisterschaft führt, erhellt der Tarot. Er lädt uns ein, ihn zu beschreiten, seine Etappen und seine Fallen zu erkunden, um das scheinbare Verhängnis eines allzuoft falsch verstandenen Schicksals zu meistern. Laßt uns seine Arkane ergründen.

2
Das Gesetz des Rhythmus

Ob als Spiel, ob als initiatische Tradition oder als Wahrsagekunst – der Tarot hat nie aufgehört, die Menschen zu verwundern, besonders wenn sie versuchten, in seinen Arkanen den goldenen Schlüssel zu finden, der das Tor zum einzig wahren Licht erschließt, dem Licht der Erkenntnis. Über den Ursprung des Wortes wurden die verschiedensten Vermutungen angestellt. Es wurde mit Thot, dem Namen des göttlichen Lehrmeisters der Ägypter, in Verbindung gebracht, ebenso mit *Tar*, dem Sanskrit-Wort für Polarstern. Manche auch sahen darin ein Anagramm von Rota, dem Rad der »Dinge des Lebens«. Zweifelsohne kann der Tarot dank seiner Botschaft dem Suchenden den Weg weisen. Da der Polarstern von alters her Nomaden und Seeleuten den Weg wies, ist es naheliegend, die Verbindung Tar/Tarot gelten zu lassen.

Ursprünglich sollen 108 Goldblätter geprägt worden sein, um die Geheimwissenschaft der Mysterien der Natur zu übermitteln, eine Wissenschaft, die den Zugelassenen in den Einweihungstempeln der antiken Welt geoffenbart wurde. 30 dieser Blätter sind verschwunden. Tatsächlich ist dieses Verschwinden eher symbolisch zu deuten, denn 108 ist eine Zahl der großen Hierarchie, also eine Zahl von kosmischer Tragweite. Die Zahl 30 versinnbildlicht die dreifache Vollkommenheit in den drei Welten, der Welt der Natur, der Welt des Logos und der Welt der Götter. Selbstverständlich kennen wir die restlichen 78 Blätter nicht in ihrer ursprünglichen Form. Immer wieder kopiert und vervielfältigt, sind die Bilder des Tarot, wie wir sie kennen, das Werk mittelalterlicher Kopisten. Zweifellos waren diese bemüht, die ursprüngliche Symbolik, die sie vielleicht nicht ganz verstanden, den Erfordernissen ihrer Zeit anzupassen und sie bei der Wiedergabe nach Gutdünken zu verändern.

Es ist wesentlich, der ursprünglichen Symbolik treu zu bleiben, sie in moderner Grafik und, von allem Zugetragenen befreit, zu übermitteln. Nur so können die legitimen Erben einer der ältesten Traditionen der

Menschheit angesprochen werden von einer Gedankenströmung, die fundamentale Werte weiterleitet, die verschmäht würden, wenn sie dem Rhythmus unserer Zeit nicht entsprächen. Deshalb ist es notwendig, fragwürdige, unvollständige oder verzerrte Darstellungen des Tarot zu ersetzen und zu ordnen, damit es möglich wird, den Schatz einer absichtlich verhüllten Erkenntnis zu heben. Die Botschaft der hermetischen Wissenschaft, der sogenannten Mysterienwissenschaft, soll zugänglich gemacht werden - durch eine unserer Zeit entsprechende Grafik. Der Geist des Thot-Hermes, der mutmaßliche Urheber dieser Bilderbibel, soll dabei nicht verfälscht werden. Man kann die Frage stellen, ob der Ausdruck »Bilderbibel« angebracht sei. Um den Suchenden zu leiten, der in die Arkana eines geheimisvollen Universums eindringen möchte, eines Universums, in dem das Wunderbare wirkt, ist es angebracht, kristallklare Worte zu benutzen. Nur eine verständliche Sprache kann eine richtige Vision einer verschleierten, nicht sofort augenscheinlichen Wahrheit ermöglichen.

Das Wort Bibel kommt vom griechischen *biblion* und bedeutet Schriftrolle, Buch. Im weiteren Sinne und neben der allgemein geltenden Bedeutung als Heilige Schrift erinnert das Wort Bibel an ein wesentliches, ein maßgebendes Buch. Selbst in der »Fibel« des Soldaten und/ oder des guten Staatsbürgers kommt dies noch zum Ausdruck. Öffnen wir also die Bilderbibel und versuchen wir zu verstehen, wer Thot-Hermes war und welche Botschaft die hermetische Wissenschaft übermittelt.

Neben aller spürbaren Zurückhaltung bestätigt die moderne Wissenschaft doch auch eine erstaunliche Menge der von großen Weisen überlieferten Erkenntnisse, und es ist merkwürdig genug, daß die Wörter *Weiser* und *Magier* dieselbe Bedeutung gehabt zu haben scheinen. Fragen wir uns, was die damaligen Weisen oder Magier der Nachkommenschaft übermitteln wollten.

Die ägyptische Mondgottheit Thot hatte ihre Hauptkultstätte im alten Hermanopolis, so genannt von den Griechen, denn der ägyptische Thot wurde in Griechenland Hermes genannt. Nach der Eroberung durch die Araber wurde Hermanopolis zu Akhmunen, das phonetisch dem ägyptischen Khemenon entspricht, der Stadt der Acht. Es handelt sich um acht Einweihungsgottheiten, die paarweise die vier Elementarkräfte des ursprünglichen Chaos darstellten, das der sichtbaren Welt vorausging. Nun und Nunet, die Urwasser, Heh und Hehet, die zeitlose Ewigkeit, Ket und Keket, die Tiefen des Unbewußten, Amu und Amunet, die unvorstellbare Leere des Raumes. Thot wurde in Ägypten teils mit einem Ibiskopf, teils mit einem Hundekopf dargestellt. Die Ägypter verehrten ihn als Weltschöpfer, da er durch die bloße Kraft seines Wortes das Universum geschaffen und geordnet hatte. Die Osirislegende macht aus ihm einen Magier, der bei der Wiederauferstehung des Gottes eine hervorragende Rolle spielt. Er soll die in der Heilkunst unentbehrlichen magischen Formeln gekannt haben und manche andere mehr, die, auf Papyrusrollen aufgezeichnet, der Legende nach in geheimen Gewölben unter der Stadt Hermanopolis versteckt wurden.

Zweifelsohne hat die Smaragdtafel, die von allen Hermetikern genannt wird, engsten Bezug zu den »hermetischen« Papyrusrollen. Eine andere Legende erzählt, daß sie, deren Inschrift die Grundlage der Alchemie bilde, bei einer in einer Höhle eingemauerten Mumie eines Greises entdeckt worden sei. Kaum waren die initiatischen Angaben übermittelt, als die Mumie zerfiel. So bestätigt diese Legende in eigener Weise, daß die Flamme der Erkenntnis niemals verlischt.

Als Erfinder der Hieroglyphen, der Künste, der Wissenschaften, als Meister des Rhythmus und Herr des Karmas, der den Verstorbenen je nach Verdienst oder Schuld den im Jenseits zu beschreitenden Weg wies, hatte Thot im ägyptischen Pantheon nicht seinesgleichen. Er wurde Trismegistos genannt, dreimaliger Meister. Die Göttin Maat als Herrin des erhabenen Gerichtssaales stellte als seine Gattin den weiblichen Aspekt des Gottes dar. Maat wog die Seelen der Verstorbenen. Sie trug senkrecht auf ihrem Diadem eine Straußenfeder, Symbol für alles Rechte, und verkörperte die Wahrheit. Die Tiersymbolik, in der die jeweiligen Künstler Götter und Göttinnen des ägyptischen Pantheons darstellten, wird verständlich durch eine Tradition, die den Gottheiten besondere Eigenschaften verlieh, die in sublimierter Form denen der Tiere glichen. So ist der Ibis zum Beispiel nicht nur die Hieroglyphe der Herrlichkeit, sondern er veranschaulicht mit seinem langen Schnabel einen Vogel, der im tiefen Sumpf seine Nahrung findet - jener Fähigkeit des Gottes entsprechend, in den Tiefen der Materie die notwendige geistige Nahrung zu entdecken. Thot-Hermes verkörperte sich in einem heiligen Ibis mit weißem Körper und schwarzem Kopf und Schwanz. Man mag dies mit der schwarzen und weißen Etappe des Weges zum großen Werk vergleichen, das zum Stein der Weisen führt. Die kynokephalische Darstellung des Gottes - ein Gott mit Hundekopf - bezeugt die Bedeutsamkeit der Geheimnisse, deren Hüter er war. So genossen Hunde in Ägpyten Verehrung, und zahlreiche mumifizierte Hunde wurden in den Gräbern ihrer Herren gefunden. Dies weist darauf hin, daß die hermetische Wissenschaft eine Erkenntnis oder auch Gnosis birgt, die einst nur den Eingeweihten der Mysterienwissenschaft vorbehalten war, der Wissenschaft der Geheimnisse der

Natur. Sie dem Wahrheitssucher reinen Herzens zu vermitteln,waren die Weisen, auch Magier genannt, bemüht. Mag der Tarot auch später als vermutet entstanden sein, denjenigen, die ihn entstehen ließen, ging es darum, eine dem Thot-Hermes zugeschriebene Gnosis, ein geoffenbartes Wissen, zu verewigen.

Ein Axiom ist ein Grundsatz einer intuitiv erkennbaren Wahrheit, die nicht logisch zu beweisen ist. Die initiatische Erkenntnis der Dinge des Lebens ist demnach das Axiom einer Wahrheitssuche, durch die man sich auf den Wegen des Daseins zurechtfinden kann. Die Idee, initiatisches auf Goldblätter geprägtes Geheimwissen weltlich eingestellten Menschen in der richtigen Annahme zu überlassen, sie würden unbewußt daraus ein Spiel machen, ist zweifellos genial, denn zahlreich waren in der Tat die Ketzerverbrennungen, bei denen auf gigantischen Scheiterhaufen unersetzliche Werke und zum Teil auch ihre Autoren umkamen.

Der Tarot ist natürlich nicht ein Spiel wie jedes andere, obwohl unsere Spielkarten von ihm abgeleitet wurden. Zu allen Zeiten blieb die Wahrsagekunst auf den Tarot bezogen, weil die Prognose als Vorhersage künftiger Ereignisse einer globalen Sicht der Dinge des Lebens entspricht und somit die höchste Form der Wahrsagekunst darstellt. Und das Geheimnis der höchsten Vernunft ist tatsächlich die Globalsicht der verborgenen Beziehungen, die alle Phänomene im Kosmos miteinander verbinden. Der Rhythmus, Wesen der Bewegung des Lebens, eint sie. Die Gegenwart bildet den Keim der Zukunft; sie kann man voraussehen, wenn man das Gesetz der verborgen ineinander wirkenden Rhythmen kennt, Schlüssel aller wahrnehmbaren Erscheinungen. Alles, was im Garten des Schöpfers geboren wird, wächst und stirbt, verwandelt sich unentwegt, wenn auch unmerklich durch die unsichtbare, in steter Bewegung befindliche Verknüpfung des Bestehenden, die das Schicksal der Welt, also der Menschen, bestimmt. Die Prognose, die Vorhersage oder die Wahrsagekunst, ist in dieser Sicht Ausdruck einer Wahrscheinlichkeit, die einer globalen Vision entspricht, sowohl die Erscheinungen des Augenblicks als auch ihre zukünftigen Folgen umfassend. Diese unterliegen jedoch weiteren Veränderungen, da der kosmische Rhythmus alles Bestehende in stets neuer Weise offenbart. Der Weise oder Magier erkennt, »was ist«; aber Erkenntnis benötigt vorausgehende Läuterung. Die richtig verstandene Läuterung oder Askese ist eine zum Erwachen führende Übung, Vorbedingung jeder Initiation, jeder Einweihung. Das lateinische Verb *initiare* bedeutet anfangen. Einweihung führt zu einem Neuanfang in einem endlich verstandenen und frei angenommenen Schicksal. Der Eingeweihte gelangt eines Tages ans Ende der irdischen Mühen in einer Globalsicht der Dinge des Lebens, die ihn befähigt, im Sinne des kosmischen Fortschrittsplans zu wirken. Zuvor aber muß er jene Prüfung bestehen, die ihm die Annahme des Todes abverlangt. Sie allein führt zur Meisterschaft.

Wir wollen die Untersuchung der Arkane des Tarot mit der Karte des Narren, auch Matt genannt, beginnen, der einzigen nicht numerierten Karte, und uns fragen, ob sie das Prinzip des Unsterblichen jenseits aller vergänglichen Formen darstellt. Wenn es so ist, würde der »Narr« eine transzendente Realität versinnbildlichen, die dem Intellekt nicht zugänglich ist; dies könnte dann den Namen des Arkans erklären. Vorerst sollten wir jedoch, von der hermetischen Gnosis geleitet, versuchen, in die Geheimnisse eines Wissens einzudringen, das im alten Ägypten der letzten Etappe der Priester-Einweihung zugrunde lag, in die Geheimnisse der Wissenschaft der Wissenschaften oder der Magie. Kein anderes Wort ruft beim Abendländer eine so seltsame Reaktion hervor. In der Zwangsjacke seines Intellekts kann er diesen Begriff nur als Ausdruck einer vom Aberglauben getragenen Scharlatanerie begreifen. Im Gegensatz hierzu die Definition des Psellus, eines byzantinischen Philosophen: »Die Magie ist die Erforschung des Wesens und der Kraft aller Dinge.« Genau jene Erforschung wurde in den Einweihungszentren gefördert und geleitet, um den Zugelassenen, den Adepten oder Auserwählten, die notwendigen Kenntnisse zu vermitteln, die es ihnen ermöglichten, vitale Kräfte zu verdichten und zu bündeln. Man kann somit annehmen, daß die von der »Psychotronik«, einem Forschungszweig der modernen Parapsychologie, untersuchten Phänomene teilweise denjenigen entsprechen, die einst Magie genannt wurden. Man begreift so die Bedeutung der den Adepten vor der letzten Etappe der Einweihung auferlegten Prüfungen; sie sollten die charakterliche Eignung und die geistige Befähigung des künftigen Magiers gewährleisten. Und dieser künftige Magier war berufen, ausschließlich eine erhabene Magie zu üben, eine Kunst, die sich im Sinne des kosmischen Gesetzes offenbarte, im Sinne des Logos als eines Archetyps des erschaffenen Universums. Die magischen Künste stellen so den Beitrag des bewußten Menschen zum Werden der Welt dar, ein Beitrag, der nur durch die Erweckung aller seiner intellektuellen und intuitiven Fähigkeiten möglich wurde. Die Verschmelzung des Wissens und der Erkenntnis war und ist immer wieder unerläßlich, um im Sinne der göttlichen Ordnung zu wirken. *Kosmos* ist das griechische Wort für Ordnung, und die Aufgabe, die der Magier sich stellte, bestand darin, jedem Mitmenschen und allen Dingen den Weg zur Vollkommenheit zu erleichtern. In dieser Vollkommenheit sah man den Spiegel der geoffen-

der MAGIER = der MEISTER

barten Welt, die Hypostase der Liebe und das Ziel der Evolution, die sich in konzentrischen Kreisen, von Alpha zu Omega, vollzieht.

Den Menschen in unseren Zeiten der Wirrnis eine neue Hoffnung geben, heißt, sie ihre hohe Bestimmung bewußt werden zu lassen. Nur so sind sie auf den Weg zu bringen, der von den dunklen Tiefen des Unbewußten zum Erwachen führt. Derjenige jedoch, der verblendet die der Einweihung in die Mysterien entsprechende Macht falsch anwandte und den »Weg zur linken Hand« wählte, seinem eigenen Willen und eigenen Vorteil zu Diensten, wurde zum Schwarzmagier.

Die Natur jedoch waltet, dreht und wendet und zwingt alles, das ihr widersteht, in den Rahmen ihres Plans; über kurz oder lang mußte der Schwarzmagier zugeben, daß der Waagebalken der kosmischen Waage immer wieder alles ins Gleichgewicht bringt. Jede Kraft, die in irgendeinem Sinne wirkt, weckt zwangsläufig eine Gegenkraft, und niemand darf sich über eine Ungerechtigkeit beklagen, die ihm wiederfährt, wenn die Natur lediglich die göttliche Ordnung wiederherstellt.

Die dem Lebensrhythmus entsprechende dynamische Periodizität ist die Seele aller Bewegung und die einigende Beziehung aller Dinge. Die Kenntnis dieses Gesetzes ermöglicht es, die Materie durch den Geist zu meistern. Rhythmus ist Frequenz, und Frequenz kann zahlenmäßig ausgedrückt werden. Die Zahl im Sinne von Pythagoras als Wirkungsenergie oder Archetyp des Wesentlichen jenseits des Scheinbaren wird so zum Bindeglied zwischen dem Logos und seiner Offenbarung. Um falschen Auslegungen vorzubeugen, halten wir fest, daß das »Wort« Sinnbild ist, Sinnbild des Numinosen, also des Wesentlichen, Sinnbild der Beschaffenheit, der Essenz.

Pythagoras, in den esoterischen Zentren des alten Ägypten eingeweiht, übermittelte dem Abendland die Zahlenmystik, eine sakrale Mathematik, Schlüssel des Ineinanderwirkens der Energien des Universums, das er Kosmos nannte. »Alles bewegt sich im Herzen des unbeteiligten Ur-Einen durch die erhabene und furchteinflößende Magie des Rhythmus«, sagte er. Somit wird der Kosmos zu einem magischen Ganzen. »Es werde Licht, und es ward Licht«, sind Worte, die göttliche Magie widerspiegeln. Sie vollzieht sich, seit die Welt ist, und eine vertiefte Einsicht in die Philosophie der Zahlen führt zu einer grandiosen Sicht des lebenden Ganzen. Sie übersteigt den Rahmen der hebräischen Kabbala, der man allzuoft geneigt ist, die Numerierung der Tarotkarten zuzuordnen. Es stimmt zwar, daß die 22 Buchstaben des hebräischen Alphabets den 22 Arkanen entsprechen könnten, wenn man die einzige nicht numerierte Karte, die des Narren, hinzuzählt. Nichtsdestoweniger darf vergessen werden, daß die im Tarot enthaltene initiatische Überlieferung älter ist als die hebräische Kabbala. Um auf das Arkan des Narren oder das Matt zurückzukommen, könnte man vermuten, daß er den Anfang und das Ende, das Alpha und das Omega, unserer Welt versinnbildlicht, die sich in einer transzendenten Realität einen. Das Alpha ist das Kausalitätsprinzip, das Ur-Eine, das in der unendlichen Vielfalt der Formen, die es widerspiegeln, seine Einheit bezeugt. Es entspricht der Metapher der Schlange, die sich in den Schwanz beißt, dem Ouroboros, der Anfang und Ende versinnbildlicht, also Eins wird. Die Philosophie der Zahlen sieht in der Eins keine Zahl; so kann das Arkan des Narren mit dem Zeichen des Unendlichen bedacht werden, da das Eine, das Kausalitätsprinzip, nicht nur die Summe alles Teilbaren ist, sondern in seiner Gesamtheit Bewegung, Wärme, Licht, also Lebensdynamik stetigen Werdens. Auf dieser Ebene ist die Welt nur noch das zwar materielle, doch trügerische Spiegelbild transzendenter Wirklichkeit. Und unter diesem veranschaulicht das Arkan des Narren die schöpferische Potenz des Evolutionszyklus, Keim oder Triebfeder des kosmischen Dynamismus. Das ist das Wunder des Ur-Einen, von dem die Hermetiker sprechen. Im Überschreiten der begrifflichen Grenzen des raum-zeitlichen Universums stellt das Arkan das Unbeschränkte im metaphysischen Sinne dar. Zum Joker verwandelt, wird der Narr in unseren gebräuchlichen Kartenspielen mit vollem Recht der Herr des Spieles. In die Welt des Alltags versetzt, wird er zum unerwarteten Boten, der die Wachsamkeit dessen fordert, dem die Botschaft gilt. Der Narr, die erste Karte des Tarot, ist gleichfalls die letzte, und um das zu verstehen, muß man das Rätsel der hermetischen Gnosis lösen. Aus diesem Grunde erscheint es besser, wie es auch aus der gesonderten Beschreibung des Arkans hervorgeht, die Bezeichnung »Narr« durch »Matt« zu ersetzen; dieser Ausdruck ist dem okkulten Sinn dieses hohen Arkans angemessener. Thot-Hermes, unter anderem der mutmaßliche Erfinder des Schachspiels, stand in Begleitung der Gottheit Maat, der Göttin der Wahrheit. Der Ausdruck »Schachmatt« könnte eine Metapher sein, da die Wahrheit auch über königliche Macht triumphiert. Die unterschiedliche Orthographie allein rechtfertigt eine gegenteilige Auslegung nicht.

3
Die Magie der Umkehrung

Gaukler nennt man denjenigen, der besonders durch Taschenspielerstreiche das Publikum ergötzt. Die Etymologie des Wortes geht in der französischen Sprache auf den Ausdruck *baastel* zurück, der im Altfranzösischen das Utensil eines Taschenspielers bezeichnete. In den germanischen und angelsächsischen Sprachen ist ein »Bastler« ein Mensch, der verschiedenen, nicht immer ernst zu nehmenden Beschäftigungen nachgeht, der, um eine Definition des Larousse zu gebrauchen, sich mit Nichtigkeiten abgibt.

Nun ist es unwahrscheinlich, daß die erste Karte des Tarot, die im »Tarot de Marseille«, dem ältesten bekannten Spiel, *bateleur*, also Gaukler, genannt ist, einen Menschen betrifft, der sich mit Nichtigkeiten abgibt. In den germanischen und angelsächsischen Sprachen verbildlicht die erste Karte übrigens den sogenannten »Magier« – eine Bezeichnung, die sicher der ursprünglichen Symbolik viel näher ist, da das Dasein, ob einmalig oder mehrmalig, dem Menschen die Möglichkeit bieten sollte, die Vollkommenheit zu erreichen, die der Pharao, der Magier der Magier, verkörperte.

In der Vision der Eingeweihten des alten Ägypten ist zweifelsohne der Mensch nicht von vornherein ein eingeweihter Magier, jedoch berufen, ein Magier zu werden, um die ihm zur Verfügung stehenden Fähigkeiten richtig einzusetzen. »Weiser« oder »Magier« wird man stufenweise im Vorwärtsgehen auf die Erleuchtung zu. Die Etappen des Weges werden vom Tarot als Etappen der Einweihung versinnbildlicht. Sie führt zur Erkenntnis der Dinge des Lebens; somit ist der Magier mit dem geheimnisvollen Wirken des Lebens in den Abgrundtiefen der Natur vertraut. Die Magier gehörten in der Zeit des Zoroaster einer bevorzugten Priesterkaste an. Die drei Magier, also die drei Weisen, die aus dem Morgenland kamen, um das Jesuskind anzubeten, besaßen königliche Würde. Die Weisen, die eine Verbindung mit den überweltlichen Kräften herstellen konnten, wurden seinerzeit »Magister« genannt. Der Magier des Tarot versinnbildlicht demnach einen überräumlichen und überzeitlichen Zustand, da er, dank der Fähigkeiten seines tiefinnersten Wesens, mitwirken kann am großen göttlichen Werk, bemüßigt, sein schöpferisches Handeln dem kosmischen Plan anzupassen. In dieser Sicht würde das Arkan des Magiers in der Anordnung der Karten am Ende des Spiels und nicht am Anfang seinen Platz finden. Vertauschen wir das letzte und das erste Arkan, wird deutlich, daß diese Vertauschung ein Grundgesetz der hermetischen Gnosis übermittelt, die der Tarot beleuchtet. Dieser Tausch kann als Magie der Umkehrung bezeichnet werden. Wir werden darauf zurückkommen. Das Arkan *Die Welt* nimmt den ersten Platz ein; der Erfahrungsweg des Menschen, der zur Meisterung der in der Welt waltenden Energien führt, beginnt in ihr. Am Ende des Weges versinnbildlicht der Magier bei der 21. Etappe den Erfolg des Menschen, der die Hindernisse auf dem Weg zur Meisterschaft überwunden hat. Auf dieser Bewußtseinsebene, in der Erkenntnis, daß sich jenseits des Scheins der Dinge des Lebens das Wesentliche offenbart, in der Erkenntnis, daß der Körper, Schrein der Sinne, auch Schrein des lebenden Gottes ist, ist man Meister seiner psychischen und physischen Fähigkeiten. Geleitet von seiner Eingebung, drückt der Magier den Geist dessen aus, der ihm innewohnt.

Vier Eigenschaften, die ihn kennzeichnen, wird der Magier nach bestem Wissen und Gewissen handhaben. Symbolisch finden sie im Stab, im Kelch, im Schwert und in der Münze Ausdruck. Sie sind als Zeichen seiner Meisterschaft unentbehrlich. Der Stab ist im wesentlichen ein magisches Instrument: der Stock des Pfarrers, der Stab des Pilgers, der Bischofsstab, der Hirtenstab sowie der Zauberstab der Feen übermitteln auf verschiedenen Ebenen ein Verständnis okkulter Gesetze, denen die in der Welt wirkenden Energien unterstehen. Um einen Stab, den Lebensbaum, eine Stütze versinnbildlichend (und im übertragenen Sinn Meister der Einweihung), winden sich in drei konzentrischen Ringen die zwei Schlangen des Hermes-Stabs, auch Merkurstab genannt. Er stellt ein Gleichnis der harmonischen Ruhelage aktiver und passiver Energien dar. Der Uräus oder Hermes-Stab veranschaulicht so die Erkenntnis, dank welcher der Eingeweihte den Dualismus des Daseins überwindet. In der Bibel lesen wir, wie Jahwe zu Moses sagte: »Wenn der Pharao euch auffordert, Wunder zu wirken, dann sprich zu Aaron: ›Nimm deinen Stab und wirf ihn vor den Pharao hin, und er wird zur Schlange werden‹.« So geschah es, und der zur Schlange gewordene Stab verschlang die Schlangen der ägyptischen Zauberer, die dasselbe

Wunder vollbrachten. Der Stab, Sinnbild der Stütze, der Verteidigung und der Erkenntnis, drückt in der Form des Zepters die höchste Autorität aus, den Schöpfergeist und den Willen zur Erfüllung des Gesetzes. Ein Sprichwort meint, daß jeder von Geburt an den Marschallstab im Tornister trägt. Hoffen wir, daß dem so sei, und gehen wir vom Stab zum Schwert über.

Das heilige Schwert, um das es sich handelt, ist das Symbol des »Wortes«. Zweischneidig versinnbildlicht das Schwert seine doppelte Macht, die der Verteidigung und die des Angriffs. Verteidigung der Erkenntnis und Bekämpfung des Unwissens sind den heiligen Schriften zufolge die Aufgabe des Ritters des Geistes. Seine Errungenschaften sind geistiger Natur, denn das Schwert, das er trägt, ist Symbol des Lichts, Symbol des Geistesblitzes. Der Magier also, der Weise, weiß das wohl.

Die Symbolik des Kelches findet man in den Upanishaden: Der Flammengott, der Geist, und die Göttin des Lichtes, die Weisheit, vereinen sich im übersinnlichen Raum des Herzens. Seien wir uns bewußt, daß der Kelch bei den Ägyptern die Hieroglyphe für das Herz war, und daß sie den Sitz der Seele im Herzen vermuteten. Für die Alchimisten ist der Kelch das Sammelbecken der Quintessenz, welche die irdische Erfahrung destilliert, vergleichbar mit dem geistigen Blut oder auch Lebenswasser, das die Erde befruchtet. Seien wir also nicht verwundert, daß der Kelch in zahlreichen Traditionen ein Gefäß ist, das den Trank der Unsterblichkeit enthält. Das führt uns zum Heiligen Gral, den Parzival errang, weil er den Schleier hob, der das Geheimnis des auf Erden wandelnden Menschen einhüllt (französisch: Perceval, ... qui a »percé le voile«).

Nach der Bibel erhält der Mensch von Gott sein Schicksal als Inhalt eines Kelches, woraus hervorgeht, daß das heilige Gefäß das Wesen der kosmischen Offenbarung versinnbildlicht. Sie führt uns zur Münze, dem Symbol des Universums, Symbol auch des Seins, strahlendes Herz, Spiegelung der Weltseele und kosmisches Potential. Die Münze wird zum Schild im Bewußtwerden einer jenseits des Scheinbaren sich offenbarenden Wirklichkeit.

Die Vertauschung der ersten und der einundzwanzigsten Karte gewinnt ihre wahre Bedeutung durch drei sogenannte Notwendigkeitsgesetze, die die hermetische Wissenschaft hervorhebt. Sie leiten sich ab vom Axiom der Smaragdtafel, das die Lehre des Thot-Hermes veranschaulicht: »Was unten ist, ist gleich dem, was oben ist, und was oben ist, ist gleich dem, was unten ist, um das Wunder des Einen zu vollbringen.«

Das erste der drei Notwendigkeitsgesetze ist das der Analogie. Ein auf der Ebene beobachtetes Phänomen erlaubt durch analoge Ableitung die Erklärung von Phänomenen auf anderen Ebenen, da alle sich in der Welt offenbarenden Energien einem einzigen Gesetz unterstehen.

Das zweite Notwendigkeitsgesetz ist das der Verschmelzung. Es führt zur Einung der zwei Naturen, des Weiblichen und des Männlichen, deren Ruhelager unerläßlich ist, um den scheinbaren Gegensatz des Positiven und des Negativen, des Yin und des Yang, zu überschreiten, einen Gegensatz, der sich in Ergänzung verwandelt, wenn man sich bewußt wird, daß die beiden Pole alles Bestehenden in der Harmonie der göttlichen Ordnung verschmelzen.

Das dritte Notwendigkeitsgesetz, das der Umkehrung, enthüllt die Beziehung zweier gegensätzlicher Aspekte, die in ihrer Ergänzung eine ihnen innewohnende Logik als Spiegelung der kosmischen Harmonie in der Sinnenwelt zum Ausdruck bringen.

Von diesen drei Gesetzen wollen wir zunächst das dritte, das als Magie der Umkehrung bezeichnete, näher betrachten. Veranschaulichen ließe es sich anhand des folgenden Beispiels: Eine Klaviersaite von bestimmter Zusammensetzung, Länge und Dicke schwingt in einer stets gleichbleibenden Frequenz. Die Schwingungsfrequenz hängt ausschließlich von der feststehenden Beziehung ab, die sie in einer Zeiteinheit mit der Länge der Saite verbindet. Ändert man die Saitenlänge, ändert man die Schwingungsfrequenz. Demnach ist die Schwingungsfrequenz um so niedriger, je länger die Saite ist, und umgekehrt. Saitenlänge und Schwingungsfrequenz verhalten sich umgekehrt proportional und bringen einen Ton hervor, der diese Beziehung veranschaulicht. Ton und Saite, in einer festen Beziehung verbunden, sind zwei zusätzliche Aspekte einer scheinbaren Gegensätzlichkeit. Wenn der Tarot eine uralte Weisheit vermittelt, muß er uns die Gesetze der Notwendigkeit zugänglich machen. Analog könnte man behaupten, daß der lebende Körper verglichen werden kann mit einer schwingenden Saite; ein von der Seele getrennter Körper ist gleich einer ruhenden Saite, des Lebens beraubt, ist also der Saite analog, die keinen Ton hervorbringt. So begreifen wir auch, daß nur das Ineinanderwirken des Physischen und des Psychischen das Unsterbliche in der Transzendenz der körperlichen und mentalen Verfassung zum Strahlen bringt.

Beginnen wir also das Spiel mit dem Arkan der *Welt* und machen wir uns auf den Weg zur Meisterschaft, indem wir die Welt so wie die Alchimisten als ein Laboratorium ansehen, in welchem wir wirken sollen. Ihnen zufolge sind drei Tinkturen notwendig, um das große Werk zu vollbringen, das sich unablässig im Athanor, dem Schmelzofen der Alchimisten, also im Universum, vollzieht. Die erste nennt sich das Werk im Schwarzen. Der Schleier soll sich heben, das Scheinbare vom Wesentlichen trennend. Der sogenannte »Alte Mensch« begnügt sich mit dem Scheinbaren, der Eingeweihte dagegen, der erwachte Mensch, versucht, ein anderes Bewußtsein von den »Dingen des Lebens« zu gewinnen. Das ist der dem initiatischen Tod beizumessende Sinn; er führt zu einer neuen Geburt, zum Erwachen. Erwacht sein, bedeutet befreit sein von den Banden der Leidenschaft, seiner Bestimmung bewußt, bereit, sie zu erfüllen. Durch den Tod des »Alten Menschen« verschmelzen Intellekt und Seele, um den Geist erstrahlen zu lassen in einem transparent gewordenen Körper. »Wißt ihr nicht«, sagte Paulus, »daß ihr der Tempel des lebenden Gottes seid?« Der Mensch vergißt es allzuoft, aber in der Meditation, wenn die wohltätige Macht des Schweigens ihn erfüllt, offenbart sich das unsichtbare Licht des lebenden Gottes, und der von diesem Licht durchdrungene Intellekt stimmt dem intuitiv Erkannten zu. So ist es möglich, sein Denken zu steuern, anstatt von ihm gesteuert zu werden. So begreift man, daß »wollen, was gewollt ist« sich im schöpferischen Werk ausdrückt, im Einklang mit dem kosmischen Plan.

Die zweite Etappe heißt »das Werk im Weißen«. Der »Alte Mensch« ist tot, der »Neue Mensch« läutert seine mentale Welt von allem, das sie behindert. Seine Seele strahlt immer stärker in der Transparenz seiner Natur. Keine unwürdige Regung stört seinen inneren Frieden. Die Erforschung des Daseins erlaubt es ihm, die Quintessenz seiner Erfahrung zu verwirklichen; er kann, wie der Tao es empfiehlt, »in seinem Körper, dem Kelch seiner Sinne, seine eigene Unsterblichkeit destillieren«. Der Körper vergeistigt sich, und die Einung des Körpers und des Geistes illustriert, was die Alchimisten die mystische und blutschänderische Hochzeit nannten, symbolisch die des Apoll, des Sonnengottes mit seiner Schwester Artemis, der Göttin jungfräulicher Natur.

Die dritte Etappe heißt »das Werk im Roten« und vervollständigt die vorhergehenden. Durch das Erwachen aller Wahrnehmungsfähigkeiten, durch das Erwachen aller Energiezentren (die Orientalen nennen sie Chakras), durch das Emporsteigen der Feuerschlange kreist die vitale Energie in der Macht ihrer schöpferischen Kraft in den von aller Schlacke befreiten Nervenkanälen, die Bahn zum Überbewußtsein öffnend. Der Eingeweihte, am Ende seiner Laufbahn, Weiser oder Magier, hat seinen physischen Körper in einen glorreichen umgewandelt. Er kann das Rad des zyklischen Werdens verlassen, aber er kann sich auch dafür entscheiden, der Menschheit auf Erden in einem Körper aus Fleisch und Blut weiter zu dienen. Er hat den ganzen Weg zurückgelegt, der vom unbehauenen Stein zum lebenden führt, er hat den Deckel gelüftet, unter dem seit Äonen der Stein der Weisen ruht, Symbol der Meisterschaft, die nunmehr die seine ist. Er kann dank der vier Eigenschaften, die ihn auszeichnen, in voller Übereinstimmung mit dem kosmischen Plan wirken, ein Plan, der sich in den vier Himmelsrichtungen der raum-zeitlichen Welt verwirklicht. Ein alchimistischer Text, der die Zeit in ihrer Zeitlosigkeit kennzeichnet, sagt, daß es vier Pforten des Werdens gebe: Morgen, Mittag, Abend und Mitternacht. Sie sind in der Tat zeitlose Augenblicke, die die vierundzwanzig Stunden teilen; vier sind die göttlichen Energien, die die Swastika und die Sauwastika versinnbildlichen, Balkenkreuze einer gegensätzlichen Bewegung der vitalen Kräfte. Sie heißen in der modernen Phyisk »spin« – ein zweiseitiger Rhythmus im Inneren der Atome.

4
Die doppelte Numerierung

Eine Welt von Symbolen lebt im Unterbewußtsein der Menschen. Die Zahl als Symbol veranschaulicht die Beziehung, die das Wort mit seiner Offenbarung verbindet, und nimmt einen besonderen Platz ein. Jeder hat einmal versuchsweise wichtige Ereignisse im Alltag mit bestimmten Daten, mit bestimmten Zeitabschnitten oder mit bestimmten zyklischen Wiederholungen verbunden. Dies ist verständlich, denn immer wieder hat die Zahl den Forscher in dem Bewußtsein fasziniert, daß die göttliche Ordnung, der Kosmos, sich als eine Eurhythmie kennzeichnet, als ein allumfassendes rhythmisches Ganzes, dessen Gesetz erkundet werden kann. Wer von Rhythmus spricht, spricht von Frequenz, und wer von Frequenz spricht, erwähnt die Zahl. Das Gesetz des Rhythmus erkunden heißt, das Gesetz der Bewegung erkunden, die der transzendenten Harmonie entspricht. Der Kosmos spiegelt sie in einer ihr innewohnenden Logik wider, und so kann die Zahlen-Mystik als eine Weise dieser Logik angesehen werden, da es sich um eine transzendente Beziehung handelt, die den Makrokosmos mit dem Mikrokosmos verbindet, die Welt des unendlichen Großen mit der Welt des unendlich Kleinen. Und durch die Meditation verwandelt sich die Welt in eine Wesensschau der Dinge zum Archetyp des Numinosen eines überweltlichen Bewußtseinszustands.

Der Tarot soll den Forscher leiten, und, um ihn nicht auf einen Irrweg zu führen, scheint es geboten, die Numerierung der Karten unter zwei gesonderten Gesichtspunkten zu betrachten. Der erste bezieht sich auf die Etappen des zur Meisterung der Dinge des Lebens führenden Weges, der zweite auf die dem Arkan innewohnende Symbolik, die seine numinose Bedeutung beleuchtet. Das Numen als Wurzel des Phänomens entspricht seinem Wesen. Man sollte also der Intuition folgen, die, von der Vernunft geleitet, es ermöglicht, den Schein zu übersteigen, um dem Wesentlichen nahezukommen. So bezeichnet die arabische Ziffer jedes

Arkans oben rechts auf der Karte die Etappe des Weges und die römische Zahl oben links die ihm eigene Symbolik. Diese ungewöhnliche Numerierung der Karten hat den Vorzug der Klarheit, denn es scheint selbstverständlich, daß der den initiatischen Weg beschreitende Mensch am Anfang seiner Wanderung nicht der *Päpstin*, Sinnbild des Ewigweiblichen, begegnen wird, auch nicht dem *Papst*, Sinnbild des Meisters oder Gurus, dem man nur begegnet, wenn die Zeit gekommen ist. Die dem Arkan eigene Symbolzahl trägt zum Verständnis des Wahrheitsforschers bei, der erkennt, was richtig ist, auch, wenn keine Beobachtung dies bestätigt. Demnach wird das Arkan *Die Welt* oben rechts mit der arabischen Ziffer 1 und links oben mit der römischen Zahl XX gekennzeichnet. Das Arkan des *Magiers* dagegen führt oben rechts die arabische Ziffer 21 und links oben die römische Zahl XXI, deren symbolische Bedeutung noch erläutert werden wird.

Der Magier versinnbildlicht in der Tat den gereiften Menschen, der nach der Erkundung der Geheimnisse der Natur mithelfen will am Großen Werk, mithelfen, den Fortschritt alles Bestehenden bis zur Vollkommenheit zu fördern. Er beschreitet so die letzte, die 21. Etappe des initiatischen Weges. Die genaue Beschreibung der Arkane, die ab Seite 101 folgt, übermittelt den Schlüssel zum notwendigen Verständnis. Begnügen wir uns vorerst festzustellen, daß jedes Arkan einerseits die entsprechende Etappe des Weges versinnbildlicht, anderseits ihre eigene symbolische Bedeutung, die der Zahl, versinnbildlicht wird.

5
Der himmlische Sphinx

Da die *Welt* das Wirkungsfeld des *Magiers* ist, und da dank der Magie der Umkehrung das Arkan *Die Welt* die Reihenfolge der Großen Arkane einleitet, wollen wir ihm einen Augenblick unsere Aufmerksamkeit schenken. Die mittelalterliche Grafik stellt den Magier als Frau dar, die in jeder Hand einen Stab trägt. Sie schreitet mit energischen Schritten vorwärts, umrahmt von einem Lorbeerkranz; auf manchen Abbildungen zieren ihn vier Rosen. Man sollte dabei bedenken, daß die Rose nicht nur die Schönheit versinnbildlicht, sondern auch die Sublimierung der Materie, da sie den Saft der Erde in feinsten Duft umwandelt. In drei Ecken der Karte erscheinen drei Tiere: der Löwe, der Stier und der Adler, in der vierten Ecke ein Engel. Diese Darstellung wurde gemeinhin mit den Symbolen der vier Evangelisten in Verbindung gebracht, oder auch mit der Vision des Ezechiel. Offensichtlich bemühten sich die Maler des Mittelalters, die Symbole mit den Vorstellungen ihrer Zeit in Einklang zu bringen, ohne sich allzusehr von ihrer ursprünglichen Bedeutung zu entfernen.

Der Löwe versinnbildlichte in Ägypten eine gebändigte Urkraft, eine strahlende Flamme am Ursprung der Welt. Die Genesis von Heliopolis erwähnte die beiden ersten aus dem Schöpfergott hervorgegangenen Götter als zwei junge Löwen, die den Lauf der Sonne bewachten, Regenten der Vergangenheit und der Zukunft. Seien wir uns auch bewußt, daß der Sphinx löwengestaltig ist. Er richtet seine Augen auf die Stelle, an der sich jeden Morgen die Sonne am Horizont erhebt, dort, wo das Gold des Sandes in das Blau des Himmels übergeht. Außerdem stellte das Sternbild des Löwen im alten Ägypten den Himmlischen Sphinx dar, das Herz des Zodiakkreises. Dieses privilegierte Sternbild sollte die Quelle der Freude und der Erhebung sein, die der Erforschung der Mysterien des Universums folgt. Der Löwe, Symbol gebändigter und verfügbarer Kraft, wirkend im Glanz des strahlenden Lichtes, Hauch des Lebens, wurde so zum Sinnbild der ewigen Wiederkehr der Tage und Nächte, der Jahreszeiten und des Kreislaufes aller Dinge.

Der Stier war nicht nur das Symbol der Schöpferkraft, sondern auch das des Füllhorns. Im Tempel Salomons, dessen Weisheit die der ägyptischen Magier übertroffen haben soll, trugen zwölf Stiere das bronzene Becken mit dem Sühnewasser. Osiris, ein Mondgott, wurde durch den Stier dargestellt, einen Urstier; denn wie der Mythos erzählt, hatte er mit seinem Samen das Nachtgestirn, den Mond, befruchtet. Das Horn des Stieres entspricht dem Füllhorn, das sich wie ein Kelch den schöpferischen Strahlen öffnet, also dem, das von oben gesät wird. Zeus entführte Europa, verwandelt in einen Stier von blendender Weiße, um die unerschöpfliche Fruchtbarkeit des Uranos, des Himmelsgottes, zu bezeugen.

Der Adler, der sich über die Wolken erhebt, um der Sonne ins Antlitz zu blicken, versinnbildlichte in Griechenland die Wahrnehmung des transzendenten Lichtes. Er war der Vogel des Zeus und sein Ebenbild im Himmel, so wie der Löwe das auf der Erde. In Ägpyten wurden diese Eigenschaften dem Falken zugeschrieben; Horus, Gott des Lebensraumes, nahm die Gestalt eines Falken an. Der Fleck unter dem Auge des Vogels ließ die Ägypter glauben, Horus sähe alles. Der Falke stellte als Himmels- und Sonnensymbol den Aufstieg des Körpers, der Seele und des Geistes dar. Der Heiligen Schrift zufolge kann der Engel als ein Zwischenwesen zwischen Gott und der Welt angesehen werden, als ein Geist in einer ätherischen Form. Diese biblische Auslegung läßt den Engel als ein Symbol geistiger Ordnung erscheinen. Er könnte einem der abstraktesten Begriffe des alten Ägypten verwandt sein, dem des »Ka«. Als Offenbarung der Lebensenergie und der Schöpferkraft besaß das Ka wie die Geistwesen der Evangelien eine ätherische Form. Die Mumifizierung der Toten folgte dem Gedanken der Verbindung zwischen dem physischen Körper und der übersinnlichen Form, dem Träger der Lebensenergien, auch über den Tod hinaus, um die künftige Wiedergeburt zu erleichtern. Es scheint also in der symbolischen Grafik sinnvoll, den Engel durch das Ankh-Zeichen zu ersetzen, das ägyptische Henkelkreuz, das Symbol millionenfacher künftiger Daseinsformen, das die Pforten der jenseitigen Welt öffnet und so den verborgenen Sinn des ewigen Lebens vermittelt. In einer erweiterten Bedeutung wird so das Ankh-Zeichen auch ein Sinnbild des Ka.

Diese kurzen Erläuterungen beleuchten die Gründe für die Rückkehr zur ursprünglichen Symbolik. Sie ändert nicht den Sinn des Arkans *Die Welt.* Sie ist der Ausgangspunkt des menschlichen Schicksalswegs. Das folgende Kapitel wird den Leser Schritt für Schritt seinem Ziel zuführen. Er wird auf dem langen Pfad der inneren Verwirklichung an der Pilgerfahrt des Eremiten teilnehmen, der er in seiner Wesenheit selbst ist. Zunächst bezeugen die aufeinanderfolgenden Etappen eine Logik, die sich von der bisherigen Numerierung der Karten entfernt, denn diese kann die Wanderung des Menschen, so, wie die hermetische Gnosis sie versteht, nicht übermitteln. Der Leser wird aber, wenn er den Weg übersehen hat, wenn er die Etappen erkannt hat, wenn er die Logik ihrer Aufeinanderfolge eingesehen hat, in der gesonderten Beschreibung jedes Arkans den verborgenen Schatz der Sinnbilder selbst entdecken. Die Symbole leben, auch in uns. Demnach sollen wir ihre Botschaft verstehen.

6
Die drei Septenare

Wenn man die Arkane des Tarot erforschen will, muß man sich mit einer sakralen Mathematik vertraut machen, der Zahlenmystik, in der die Zahl gedacht ist als Bindeglied zwischen dem »Wort« und seiner Offenbarung. Seien wir uns jedoch bewußt, daß das Wort dem göttlichen Atem entspricht, der alles Bestehende zur Erscheinung bringt und den Logos offenbart, das Gesetz göttlicher Gerechtigkeit und ihrer Harmonie. Dieses Gesetz spiegelt eine der Sinnenwelt innewohnende Logik wider, die sich in der logarithmischen Spirale einer Muschel, der Rundung einer Orange oder der Schönheit einer Blume kundgibt. Bedenken wir auch, daß der Begriff »Arkan« etwas Verborgenes bezeichnet und demnach auch einen hermetischen Vorgang, dessen Geheimnis nur Eingeweihten mitgeteilt wurde. Dieses Geheimnis sollte streng gehütet werden, auf daß es nicht in die Hände von Unwürdigen falle. So wurden die initiatischen Mysterien mit einem Schleier umgeben, der nur von denen, die es verdienten, gelüftet werden sollte. Jene mußten zuvor ihre Zuverlässigkeit beweisen, und zwar nicht nur durch eine unerläßliche Ausdauer in der Entdeckung dessen, das nicht erscheint, sondern auch durch eine Bereitschaft des Herzens und des Geistes. Es bedarf, um in die Arkane des Tarot einzudringen, eines nicht rationalen Verständnisses der Symbole, das ermöglicht, atavistische Erinnerungen, die im Unterbewußtsein schlummern, zu wecken – eine Chance, der uns innewohnenden Symbolwelt gewahr zu werden.

Wenn den den Arkanen zugeordneten Zahlen eine doppelte Funktion zugeschrieben wird, ist es selbstverständlich, daß die in diesem Buch vorgeschlagene Reihenfolge der Etappen des initiatischen Weges nur eine Anweisung ist. Denn jeder Fortschritt ist mit einem persönlichen Bewußtwerden verbunden. Gleichwohl rechtfertigt sich die Einteilung der Etappen in drei Septenare (Siebenteilung). Sie entsprechen den 21 Stufen des initiatischen Weges.

Das erste Septenar beginnt mit der Entdeckung der Geheimnisse dieser Welt und endet mit dem *Glücksrad*, dem Rad des Schicksals, dessen Kurbel man ergreifen soll. Dieses Arkan beleuchtet den Willen dessen, der sich auf den Weg gemacht hat, getrieben von einer manchmal als Sehnsucht empfundenen Regung. Er will seine Welt meistern und die Hindernisse überwinden, die es ihm schwer machen, seinen Unterschlupf zu verlassen. Dieser Unterschlupf wird vom Arkan *Der Mond* versinnbildlicht. Entschlossen, das anscheinend fest Erworbene aufzugeben, wird der Wahrheitssucher zum Pilger, geleitet von seinem Glauben, der unermüdlich den eingeschlagenen Weg beleuchtet. Der Pilger nimmt seinen Stab, verläßt seinen Unterschlupf, um das Universum zu erkunden, dessen Widerschein ihn fasziniert. »Wer die Wahrheit sucht«, sagt ein Papyrustext, der die einst auf der Oberfläche der Pyramiden eingemeißelten Hieroglyphen wiedergibt, »ist allein mit sich selbst und allein vor den Menschen.« Der Pilger mit seinem Stab als Wahrheitssucher, der sein Schicksal erfüllen will, gleicht dem Eremiten, so wie der Tarot ihn darstellt.

Zu erläutern wäre jedoch der fünfzackige Stern, das Pentagramm, von dem oft die Rede sein wird: In der grafischen Symbolik ist mit ihm der Mensch auf der Wahrheitssuche gemeint. Die Zahl Fünf gibt der Darstellung Sinn. Sie versinnbildlicht die Verschmelzung des männlichen und weiblichen Prinzips im Menschen, und zwar der Zahlenmystik zufolge, die hier allerdings nur in wenigen Gesichtspunkten berücksichtigt werden kann. In ihr liegt der Schlüssel zur höchsten Weisheit, die der Eremit auf seinem langen Wege erkennen möchte.

An der Wegkreuzung angelangt, die das Arkan *Der Liebende* anzeigt, schwankt der Eremit in der Wahl zwischen dem schmalen Pfad und dem breiten Weg. Von seinem inneren Bewußtsein geleitet, läßt er sich jedoch nicht beirren, denn er weiß, daß die Erforschung der Welt sowohl die Hölle als auch den Himmel umfaßt. Deshalb begegnet der Eremit, setzt er den Weg fort, dem Teufel und erkennt in ihm seinen schwarzen Bruder, seinen Schatten, der aus allem besteht, was er lediglich aus Furcht verdrängte. Jetzt hingegen gibt es kein Zaudern. Der Eremit nimmt sich an, wie er ist, und das wohltuende Bersten des Rahmens befreit das Wesentliche. Der Mensch ist dem Kerker entgangen und sucht sich nun dorthin zu erheben, wohin es ihn zieht. Das Arkan *Der Turm* symbolisiert diesen Vorgang. Seinen Begrenzungen entgangen, begreift der Eremit, daß der Ausdruck seiner Vernunft, von allen persönlichen, sozialen oder sonstigen Bedingtheiten befreit, ihm die Möglichkeit gibt, die Kurbel des Schicksalsrads in die Hand zu nehmen. Er muß jedoch jeglicher Illusion ledig sein, um in vollkommener Übereinstimmung mit der *Kaiserin* zu wirken, dem Sinnbild seiner schöpferischen Fähigkeiten.

Das zweite Septenar, das der Verwandlung, beginnt mit dem Arkan *Die Kaiserin.* Wenn der Eremit sie erkannt hat, angezogen von den Höhen des Akasha (im Sanskrit das Wort für subtilste Energien), durchstößt er die Grenze seines Universums, um es im Aufriß des Zodiak zu betrachten. Geometrisch stellt er die Umkehrung der Himmelskugel dar, in der das Gesetz von Ursache und Wirkung ihm ihr Geheimnis übermittelt. Das bezeugt das Arkan *Der Gehängte.* Auf dieser Ebene ist Gerechtigkeit nicht bloß ein menschlicher Begriff. In ihr ruht, majestätisch, kosmisch und erhaben, das harmonische Gleichgewicht des gesamten Universums. Hierin liegt der Sinn des Arkans *Die Gerechtigkeit.* Sie meint nicht eine Gerechtigkeit der Menschen, sondern eine Gerechtigkeit der Götter.

»Nichts wird gewonnen, nichts geht verloren« ist der Wahlspruch eines Engels auf einem alten Gemälde, der eine Flüssigkeit aus einer goldenen in eine silberne und aus einer silbernen in eine goldene Kanne gießt. Und nichts anderes als »Alles ist in allem« drückt die symbolische Darstellung des Arkans *Der Ausgleich* aus; denn Farben, Klänge und Elemente, den Urwassern entstiegen, wirken ineinander. Der siebenzackige Stern hingegen versinnbildlicht die metaphysischen Impulse des Sonnen-Sonntags, dessen Spiegelungen zum Saturn-Sonnabend führt. Nichts von Belang kann unternommen werden, das nicht schon oben angelegt wäre – so sagt es das Arkan *Die Sterne.*

Nichts auch, das man behalten sollte. Das Ankh, Symbol des Lebens, sammelt den himmlischen Tau und verteilt ihn gerecht, einerseits an den Strom, der ihn zu den Dürstenden bringt, um ihren Durst zu stillen, andererseits an die Mutter Erde, damit Psyche (auch Schmetterling im Griechischen) den Honig aus den Blüten des Daseins sammeln kann. Das Leben dauert an, selbst wenn das Dasein unterbrochen wird, verkündet das Arkan *Der Tod,* denn Tod und Geburt sind nur Etappen des ewigen Lebens, das alles Bestehende offenbart, auch wenn vergängliche Formen verschwinden, um sogleich durch neue ersetzt zu werden.

Nach der Erkenntnis des Todes entdeckt der Eremit den *Papst.* Das Arkan dieses Namens ist dem Instrukteur gewidmet, dem Meister, dem Lehrer, dem Guru. Majestätisch wacht er über die Symbole, deren Geheimnis er erkundet hat. Nur Hellsichtigkeit und innerer Frieden lassen ihn frei von Täuschungen, denn die Wahl, die der künftige Schüler zu treffen hat, ist entscheidend.

Das dritte Septenar spiegelt die zur Erlangung der Meisterschaft erforderlichen Eigenschaften wider. Es beginnt mit dem Arkan der *Kraft*. Richtig wäre der Ausdruck Gelassenheit, der zufolge ausgeglichen wird, was gegensätzlich erscheint. Das kosmische Gesetz wirkt in den acht Himmelsrichtungen des Raumes, die die Windrose anzeigt. Der Gelassenheit entspricht im Zodiak das Zeichen der Waage. Es krönt den Menschen, der den Dualismus des scheinbar Gegensätzlichen überwunden hat. Diese Überwindung ermöglicht der auf der mittelalterlichen Karte dargestellten Frau, das Maul des Löwen zu öffnen. An diesem Punkt strebt der Eremit, Regent der vier Himmelsrichtungen und ihrer Mitte, sich dem Überbewußtsein zu öffnen. Das Arkan des *Triumphwagens* versinnbildlicht diese Möglichkeit. Der Eremit ist Herr des Wagens, der sein Schicksal trägt, aber er überläßt es dem »Sein«, den Pfeil zu richten, der ihm die überweltliche Ebene erschließt. Er ist bereit, sich einem neuen Bewußtsein zu überantworten, das unerläßlich ist, die Welt zu meistern. Das Arkan *Der Kaiser* verbildlicht diesen Aspekt. Der Kaiser herrscht durch den Geist über die Materie. Auf dem Thron der geoffenbarten Welt sitzend, weiß er, daß es sich um einen vergänglichen Thron handelt. Alles bewegt sich im Herzen des unbeteiligten Einen durch die Magie des Rhythmus, und diese nie endende Bewegung wird durch das Arkan *Die Sonne* bekundet. Aus dem Ur-Ei geboren, erhebt sich die Welt, angezogen vom Licht, das von oben strahlt und dessen Symbol die Sonne ist. Sie spiegelt den kosmischen Geist wider, der allem Geoffenbarten Flügel verleiht. Wenn der Mensch die Tiefen der Materie durchforscht, wenn er das Geflecht der Existenzen hinter sich gelassen und sich dem Überbewußtsein geöffnet hat, meistert er das Rad des Gesetzes und schickt sich an, dem Ruf zu folgen, den die Muschel – Sprachrohr der Götter – laut und vernehmlich ertönen läßt. Das Arkan *Das Gericht* gibt diesem Zusammenhang Ausdruck. Es handelt sich um das Letzte Gericht, denn der Schall, der aus der Muschel ertönt, erschüttert die Grundfesten und ruft die Menschen auf, in ihrem ätherischen Körper zu erscheinen und sich, ihren Taten entsprechend, richten zu lassen. Danach genießen sie der Ruhe, die sie am Ende der irdischen Mühen erwartet. Das Ziel wird sichtbar. Das Arkan *Die Päpstin*, von den Alchimisten »Göttliche Geliebte« genannt, versinnbildlicht das Mysterium des Ewigweiblichen. Der Eingeweihte, der die dualistische Welt erforscht, der den Tod angenommen und die läuternde Askese vollendet hat, wird in die Brust des Pilgers einziehen.

Die pythagoreische Tetraktys enthüllt das Geheimnis, und die Göttliche Geliebte reicht dem Pilger den Hermesstab – in seiner archaischen

Form das Symbol der Erkenntnis. Sie reicht ihm auch das Sinnbild des kosmischen Geistes. An der Spitze des das Geheimnis enthüllenden Dreiecks strahlt die Sonne im Herzen des Urstoffs, der die Welten im Rhythmus der Mondphasen entstehen läßt – ein Bild der Ewigen Wiederkehr.

Vergessen wir nicht, daß das Arkan des *Narren* außerhalb der drei Septenare das alles beseelende Prinzip versinnbildlicht. Ihn kennzeichnet, nicht anders als das Zeichen der Unendlichkeit, der Punkt, das Symbol schöpferischer Fähigkeiten. Der Punkt könnte auch mit einem Grenzzustand der Abstraktion verglichen werden, weil er, sich ausdehnend, zum Kreis führt, dem Symbol der sichtbaren Welt. Da wir zum besseren Verständnis des Lesers die Etappen überflogen haben, die der Wahrheitssucher zurücklegen muß, um an das Ende der irdischen Mühen zu gelangen, sollten wir jetzt die Unterweisung vertiefen, die die Hauptsymbole der hohen Arkane übermitteln. Wir müssen sie also von neuem betrachten und auf diesem Wege länger verweilen.

7
Die Etappen des Weges

Das Arkan *Die Päpstin* trägt in der herkömmlichen Anordnung die Zahl 2. Diese Zahl verbildlicht die Dyade, die Matrix alles Bestehenden, das zeitlose Mysterium der schöpferischen Kraft des Ewigweiblichen. Die Alchimisten gaben dem Ewigweiblichen den Namen »Göttliche Geliebte«, nicht nur aus Ehrfurcht vor dem Ur-Geheimnis der Fruchtbarkeit, sondern auch, um verständlich zu machen, daß selbst der Gott sich nicht ohne ihre Hilfe ausdrücken kann. Die Göttliche Geliebte personifiziert die transzendenten Energien, die sich als Eingebung, Traum, Mythos oder Innenleben offenbaren. Sie stellt die Erkenntnis dar, die die sterilen Weiten des Wissens befruchtet. Die großen Göttinnen aller Traditionen sind in eigener Weise Sinnbild der Göttlichen Geliebten. Sie verkörpern und verschleiern das große Geheimnis der Weiblichkeit.

Astarte verzaubert ihre Liebhaber, um sie anzuspornen, in neuer Wiederkehr die Reihe ihrer Erfahrungen auf der Erde fortzusetzen.

Isis übermittelt Worte der Magie jenen, die sich im Erwachen zum Wesentlichen ihrer würdig zeigen, während Kybele ihren Letztgeborenen, Zeus, rettet, indem sie dem Vater Kronos anstelle des Kindes einen Stein zum Verschlingen gibt. Kronos versinnbildlicht in seiner Gefräßigkeit die Rolle der Zeit, die alles Bestehende immer von neuem auflöst.

Venus-Aphrodite, die schönste unter den Göttinnen der Fruchtbarkeit, die Schaumgeborene, ruft wach den Sternenweg, Quelle des Lichts, ruft wach die nicht zu unterdrückenden Kräfte der Fruchtbarkeit und die brennende von Schönheit veredelte Leidenschaft. Doch einen Zipfel des Schleiers zu lüften, mit dem jene Zauberinnen das Mysterium verhüllen, ist erst dann möglich, wenn man alles, das sich ihm widersetzt, geläutert hat. Die Göttliche Geliebte reicht den Rubin, Symbol des Steins der Weisen, nur dem, der den ganzen zur Meisterschaft führenden Weg zurückgelegt hat. Die Symbolzahl dieses Arkans wird demnach die der

Dyade sein, während die initiatische Stufe, die das Geheimnis enthüllt, die vorletzte ist, also die Ziffer 20 trägt. Erst auf dieser vorletzten Stufe erwacht das Allbewußtsein. Man versteht endlich, daß das Positive und das Negative, das Yin und das Yang, das Gut und das Böse, komplementäre Momente ein und desselben sind, und daß die Dualität des Daseins die Harmonie offenbart, die sie auflöst.

Wenn man diese vorletzte Stufe erreicht hat, versteht man, daß nur die Überwindung der scheinbaren Gegensätze in der dualistischen Welt zum Bewußtsein der transzendenten Harmonie führt. Sie bedeutet Sublimierung der Liebe, und sie ist ein allumfassendes Mittel, jegliche Gegensätzlichkeit aufzulösen.

Die unerläßliche Vorbedingung ist die Verschmelzung der zwei Naturen, des Männlichen und des Weiblichen, versinnbildlicht durch Sonne und Mond. Sie führt zum dritten schöpferischen Ausdruck, der Quintessenz der irdischen Erfahrung, die man mit dem Elixier ewiger Jugend vergleichen kann. Unter diesem Aspekt führt die Verschmelzung von Körper und Geist zum Sein, oder, anders ausgedrückt, führt die Verschmelzung des Intellekts und der Eingebung zur Erkenntnis. Die Göttliche Geliebte weist den Weg, der nach der Erforschung der weltlichen Dualität und vielen Irrwegen in das Herz des Labyrinths führt, wie zum Mittelpunkt der Läuterung, die die Schwelle freigibt zur Erkundung des Mysteriums. Wenn der Eingeweihte in das heilige Dreieck, das Dreieck der Harmonie, der Liebe und der Weisheit, eingetreten ist, wird er in der Strahlung des Lichts des Geistes wandeln, ein Licht, widergespiegelt von den drei Mondphasen, die das kosmische Bewußtsein in seinen drei Aspekten versinnbildlichen: das Christusbewußtsein, das göttliche Gerechtigkeits- oder Logosbewußtsein und das dynamische Lebensbewußtsein.

Oft ist es nur eine vage Sehnsucht, ein Streben nach etwas Undefinierbarem, das den Menschen auf den Weg bringt, dessen Beschreitung ihn die »Dinge des Lebens« erkunden läßt; aber die Erkundung der Welt und ihrer Geheimnisse, die durch bloße Beobachtung manchmal irreführender Phänomene nicht entschleiert wird, setzt erst ein, wenn sich der vage Impuls in Entschlossenheit verwandelt. Das als ungestilltes Streben Empfundene, die Sehnsucht nach dem Wesentlichen, entspringt den Tiefen des Seins und weckt den Wunsch zu entrinnen. Man möchte andere Weiten erkunden, dem Warum der Dinge nachspüren. Man ist in Versuchung, sich Träumen hinzugeben, sich phantasievollen Wahngebilden zu überlassen, kurz, in die dunkle Tiefe des Unterbewußtseins zu sinken.

Der Mond mit seinem milden Licht enthüllt dem Menschen diese

Sehnsucht. Seit jeher übt er eine unerklärliche Anziehungskraft auf ihn aus. Das geheimnisvolle Licht des Mondes lenkt die Gedanken zu fernen Welten, und ihr Zauber veranlaßt den Menschen, den Zufluchtsort seines alltäglichen Daseins zu verlassen, um die unbekannten Weiten des Universums zu erforschen, dem er angehört. Somit soll als Etappe des Weges das Arkan des *Mondes* den zweiten Platz einnehmen. Symbolisch stellt das Nachtgestirn in seiner zunehmenden und in seiner abnehmenden Phase nicht nur die natürlichen Zyklen, sondern auch den niemals abbrechenden Rhythmus, den Herzschlag des Universums, dar. Zahllose Dichter haben den Zauber besungen, den die voll leuchtende Mondscheibe ausübt. Der Mensch kann sich ihm nicht entziehen, aber die Kreatur in ihm leistet Widerstand. Sie fürchtet, ihren Zufluchtsort zu verlassen und fertigt statt dessen ihren von Wünschen und Neigungen gebildeten Panzer. Sie klammert sich an die toten Dinge der Vergangenheit. Sie wirbt um den Beifall des Intellekts in seiner Überheblichkeit, unterstützt den Drang der Instinkte und verhöhnt, was dem Wunderbaren und dem Geheimleben angehört.

Der hochmütige Intellekt und die Gefühlserregbarkeit sind ein Schirm, den die Kreatur verdichtet, um den Ruf der Weiten zu unterbinden. Doch der Mond leuchtet unentwegt am Firmament, und sein sanftes Licht zieht an wie ein Magnet.

Trotz aller Widerstände muß sich der Mensch, den Psyche beseelt, früher oder später auf den Weg machen und den Gefahren ins Auge sehen, die den einsamen Wanderer erwarten. Von seinem Bewußtsein und seinem Glauben geleitet, muß er das große Abenteuer wagen, das die Erforschung der Geheimnisse des Universums darstellt. Die Kreatur in ihrem Unterschlupf leistet Widerstand. Sie ist nicht bereit, die Grenzen einer ihr geeignet erscheinenden Natur zu überschreiten. Vom Wunsch, sich zu bestätigen, geleitet, und aus Furcht, ihren Einfluß zu verlieren, schöpft die Kreatur aus den trüben Wassern des Unterbewußtseins die instinktiven, irdischen Kräfte, auf die sie sich stützt. Unbeeindruckt vom Licht des Mondes, will sie Psyche, die sie belebt, hindern, seine Strahlung wahrzunehmen, die als magisches Dreieck einen Drang in ihr weckt, den sie nicht unterdrücken kann. Diesem Drang nachzugeben, ist der Versuch, das Rätsel zu lösen, das man selbst ist. Seinen Unterschlupf zu verlassen, sich der Heimat Psyches zu nähern, bedeutet, seinen göttlichen Ursprung zu entdecken und den Miasmen der Tiefen zu entgehen – in einem schrittweisen Aufwärtssteigen, um auf höherer Ebene den Stoff zu meistern durch den Geist. Davon überzeugen kann hingegen nur das Wagnis des Weges selbst, denn das große Abenteuer menschlicher Erfüllung hängt von dem Mut ab, der nötig ist, den Rahmen der alltäglichen Betrachtungen zu verlassen, den Pilgerstab zu ergreifen und ungehindert in den Apfel vom Baum der Erkenntnis des Guten und des Bösen zu beißen. Das ist der Sinn, der dem Licht eignet, das auf dem Pfad des Eremiten scheint. Die mittelalterliche Darstellung dieses Arkans zeigte einen Greis, der eine brennende Laterne in der Hand hält und anscheinend ihre Strahlung hinter seinem Rockschoß verbergen will. Sollte dieses Licht nicht das geheime Feuer sein, das Symbol des tiefen Glaubens, der unerläßlich ist für den, der sich auf den Pfad der Initiation begibt? Der Eremit wäre dann der Mensch, der die Unruhe der Welt verläßt, um, in sich selbst zurückgezogen, über wesentliche Fragen nachzudenken, um sich einer Realität zu nähern, die vom Scheinbaren verdeckt wird. Der Greis mit seinem Pilgerstab geht auf Entdeckungsfahrt zu den Quellen der Tradition, die er als wegweisendes Gesetz erkennt. Er trägt nicht an der Last seiner Jahre; alt ist er nur durch seine lange, lange Vergangenheit, in der seine Entwicklung ihn zu der Einsicht brachte, daß das Sichtbare der Schleier des Unsichtbaren ist, und daß alles Bestehende eine Parzelle des kosmischen Plans offenbart, an dem er mitwirken soll.

Es war Pythagoras, der dem Universum den Namen »Kosmos« verlieh, und seine Lehre gipfelt in der Vision eines lebenden Ganzen, das die Ordnung und Harmonie auf allen Ebenen der sichtbaren Welt widerspiegelt. Alles ist geordnet, denn die kosmische Ordnung kommt überall zum Ausdruck. Das Gesetz der Harmonie, das der erhabenen Ordnung entspricht, der Logos, der Archetyp des Numinosen alles Bestehenden, verbindet dank der Entwicklung, die stets fortschreitet, den Makrokosmos mit dem Mikrokosmos und somit auch den Menschen mit dem Universum. Das Eine, die Ur-Sache, nimmt durch den Rhythmus, den Hauch des Lebens, ungezählte Formen an, ohne durch sie geteilt zu werden. Als Wesen der sichtbaren Welt erzeugte der Rhythmus die immerwährende Aufeinanderfolge einer nie endenden Bewegung. Die pythagoreische Vision der erhabenen Ordnung wird durch den Tarot versinnbildlicht. Er ist der magische Spiegel des Lichts auf dem Pfad des Eremiten und beleuchtet den Weg vom Ursprung bis zum Ende. Entschlossen, sich der Erkenntnis zu öffnen, begreift der Mensch, auf einer Kugel namens Erde geboren, daß er den Kopf erheben kann, um das Firmament mit seinen Millionen Sternen zu betrachten. So wird er sich bewußt, daß das Himmelsgewölbe Teil seines Universums ist, und er begreift, daß er eine lebende und denkende Zelle eines unermeßlichen Ganzen ist, an das ihn Tausende von Fasern binden. Diese Bindung zu leugnen, käme der Behauptung gleich, ein Schiff auf dem Meer sei unabhängig von Wind und Wellen, obwohl beide das Schiff antreiben.

Der Kosmos vermittelt den Eindruck, aus Knotenpunkten zu bestehen: Sterne, Atome, Farben und Töne, um nur einige Elemente zu nennen. Dem Menschen wird jedoch klar, daß der Rhythmus, Ausdruck der kosmischen Bewegung, der Hauch des Geistes ist, der das kleinste Atom mit dem Universum verbindet, somit das Ganze mit dem Ganzen. Er wird sich klar, daß die Bewegung durch die Zeit gemessen wird, und die Zeit durch die Bewegung, die nur im Raum stattfinden kann. Demnach ist das Raum-Zeitliche aufs engste mit dem Rhythmus verbunden, der es erzeugt. Wenn, so schließt er, das Universum aus Knotenpunkten besteht, bilden die Sekunden, die Daten und die Ereignisse das Gefüge der Zeit, das in seinen sichtbaren und unsichtbaren Beziehungen das Gesetz des Rhythmus als Spiegelung der kosmischen Harmonie ausdrückt.

Wer Rhythmus sagt, sagt Frequenz; wer Frequenz sagt, sagt Zahl. Folglich enthüllt sich das Gesetz des Rhythmus durch die Zahl. Die grafische Darstellung des Gesetzes des Rhythmus nennt sich Geometrie, nicht tote, statische Geometrie, sondern lebende Geometrie, Aufriß des Ganzen. »Gott schöpft als Geometer«, sagte Pythagoras, und wenn der Mensch die kosmische Ordnung in ihrer ebenen Darstellung betrachtet, betrachtet er die Harmonie der Zahlen. Die Philosophie der Zahlen hat in wunderbarer Weise das geistige Erwachen des Abendlandes begünstigt, und alle großen Geister haben an der reinen Quelle eines verblüffenden Wissens getrunken. Die moderne Wissenschaft entdeckt es heute in neuer Weise. Die Axiomatik, die Mengenlehre und die Energiequanten gehören zur heutigen Zahlenmystik. Immaterielle Zahlen-Schnittpunkte bündeln sich zu Wellen, deren Überlagerung das Atom, Baustein unseres Universums, gebiert. Rhythmus eint, was zusammenhanglos erscheint, und wird als dynamische Aufeinanderfolge gekennzeichnet. Die Tage, die Nächte, der Herzschlag, die sich ablösenden Jahreszeiten sind nur einige Beispiele unter vielen. Eine stete Bewegung ist nicht wahrnehmbar. Die Erde dreht sich, aber die Menschen bemerken es nicht. Ein ohne Erschütterung abfahrender Zug vermittelt das Gefühl der Bewegung nur durch die vorüberfliegende Landschaft. Die Wechselfolge der Bewegung ist also ein zur Erforschung der zweipoligen Welt notwendiges Phänomen. Der pythagoreische Kosmos ist dualistisch. Der Dualismus, sagte der Meister von Samos, ist ein Grundbegriff, der erforscht werden muß, da der Mensch ihm ständig gegenübergestellt ist. Er vergißt jedoch, daß die Wirklichkeit ihn transzendiert. In der pythagoreischen Weltschau ist die Harmonie des Kosmos jene Wirklichkeit, in der sich die scheinbaren Gegensätze aufheben. Auf der Erde kann »oben« nicht begriffen werden ohne »unten«, das Gute nicht ohne das Böse, der positive Pol nicht ohne den negativen Pol. Auf der Ebene der kosmischen Harmonie hingegen verwandelt sich der scheinbare Gegensatz in die notwendige Ergänzung beider Pole, welche die Offenbarung ermöglichen. Dies versucht die Philosophie der Zahlen zum Bewußtsein zu bringen. Da die Botschaft, die der Tarot vermittelt, nicht voll ohne eine, wenn auch nur oberflächliche, Kenntnis dieser Philosophie erfaßt werden kann, ist das folgende Kapitel ihr gewidmet. Die Struktur des Tarot beruht auf der Zahlenphilosophie. Drei Septenare bilden die 21 Hohen Arkane. Jedes Arkan ist durch eine Zahl versinnbildlicht, die sich von der Ziffer unterscheidet, die die Etappe des Weges kennzeichnet. Zahl und Ziffer sind also nicht identisch. Die Etymologie bestätigt es: *Ziffer* kommt vom arabischen Wort *ṣifr* = Null, Nichtigkeit (ṣafira = leer sein). Eine Ziffer dient zum Zählen, eine Zahl vermittelt ein wesentliches Sinnbild.

8
Die Zahlenmystik

Die Symbolsprache der Zahlen macht die Eins – Ur-Grund, All-Geist – zu jenem Prinzip, das sich durch die Zwei verwirklicht, durch die Dyade, die Matrix all dessen, das im stetigen Fortschreiten besteht. Die Eins verwirklicht sich also durch die Zwei, der zur Offenbarung unerläßlichen Polarität. Dies führt zur Triade aller Traditionen und zum Heiligen Dreieck der Pythagoreer. Die Drei ist in der Tat eine außergewöhnliche Zahl. Unser Dasein verläuft in drei Zeiten: Vergangenheit, Gegenwart und Zukunft. Das Atom besteht aus Protonen, Elektronen und Neutronen, die Zelle aus Endoderm, Mesoderm und Ektoderm. Erhaben regiert die Drei in der Welt, und das Heilige Dreieck ist ihr geometrischer Aufriß. Der seine Botschaft wahrnimmt, möchte sich im Bewußtsein erheben und die beiden Pole der Daseinsebene übersteigen, um ihre Überhöhung zu entdecken und im Sinne dieser Erkenntnis zu handeln. An der Spitze des Dreiecks eint die Harmonie des nur scheinbar Gegensätzlichen alles, was im Garten des Schöpfers geboren wird, wächst und stirbt.

Jede fundamentale Erkenntnis erzeugt Liebe, nicht im Sinne einer Barmherzigkeit, sondern als lebender Ausdruck einer wirksamen Brüderlichkeit, die das Mineral mit der Pflanze, die Pflanze mit dem Tier, das Tier mit dem Menschen und den Menschen mit den Göttern verbindet. Daraus folgt, daß das Geheimnis dessen, der zu der höchsten Erkenntnis gelangt ist, nichts anderes ist und sein kann als die Erkundung der Beziehungen, die er beobachtet, ja beobachten muß zwischen Dingen, die zusammenhanglos erscheinen. So verwirklicht sich die Eins in der unendlichen Vielfalt der Formen, die seine All-Einheit bezeugen. Die Spitze des Dreiecks zeigt scheinbar Gegensätzliches in einem einzigen Ursprung; es wahrzunehmen, bedeutet, sich von falschen Vorstellungen zu befreien, zu verstehen, daß Freiheit das Wesen des Geistes ist. Frei sein heißt, den Irrtum erkennen und die Wahrheit sehen. Frei sein ist ein Zustand, in dem Psyche im Licht des Geistes und im Frieden des Herzens aufblüht. Frei sein bedeutet, mit seiner eigenen Melodie an die Polyphonie einer kosmischen Symphonie zu rühren, dem harmonischen Ausdruck der Weltseele. Diese Sphärenmusik ist als eurhythmische Klangwelt in dem Schwingen der Weltseele das Herz des Mysteriums. So heißt es, derjenige, der in die Geheimnisse der kosmischen Harmonie eindringt, will, was gewollt wird, weil er fähig ist, den kosmischen Plan und sein Gesetz zu verstehen. In dieser Sicht wird die Bedeutung des Tarot richtig erkannt. Er ist der bildhafte Rückhalt einer Einweihung und eines Verständnisses für eine Harmonie, die in der Verschmelzung der Vielfältigkeit den Mißklang in Einklang verwandelt. So wird die Philosophie der Zahlen zur Meditation über das Ineinanderwirken der Lebensrhythmen.

Nichts ist erstaunlicher als die Wiederentdeckung des Pythagoras durch die moderne Wissenschaft. Eine derzeitige Theorie, die von namhaften Physikern bestätigt wird, könnte kurzgefaßt folgendermaßen lauten: Die Gesamtheit aller zu einem gegebenen Augenblick sich im Universum offenbarenden Phänome enthält die Zunkunft. Jedes Partikel nimmt an der Energiefortpflanzung teil, da es selbst ein Energiequantum ist. Das intensive und beständige Ineinanderwirken unglaublich komplexer Bewegungen dieser Partikel prägt die Beschaffenheit aller, denn alles ist in allem. Sollten wir nicht voller Bewunderung für das verblüffende Wissen und die Weisheit der Vorfahren sein? Ihre Botschaft richtet sich unmittelbar an uns und will uns auf den Wegen unseres Daseins helfen, auf denen wir oft wie Kinder ziellos umhertappen. Diese Botschaft ist wie ein Appell, unser Verhalten auf das Wesentliche einzustimmen, auf die wahre Natur der Dinge, damit unsere Vernunft von den Hüllen, die das Unwissen webt, befreit wird und zu ihrem eigentlichen Ausdruck kommt. Eine wahre Brüderlichkeit entstünde, vom Harmoniegesetz durchdrungen, das verwandte Seelen nicht nur in menschlicher Liebe, sondern in der Liebe zu allem Bestehenden eint.

Ein flüchtiges Streiflicht wenigstens auf das Leben des Philosophen, der dem abendländischen Menschen die Schätze des Pharaonenwissens zugänglich machte (verschleiert in den Arkanen eines Spiels, finden wir sie im Tarot wieder), möge die Bedeutung des Phythagoras erfassen. Leben und Lehre sind nicht dokumentarisch belegt und nur über Plato und Aristoteles bekannt. Pythagoras wurde etwa 500 v. Chr. auf Samos geboren. Die Pythia von Delphi soll seinen Eltern, die sie vor seiner Geburt befragten, verkündet haben, er werde für alle Menschen und für alle Zeiten ein Führer sein. So wurde er Pythagoras genannt, der, den die

Pythia ankündigte. Von frühester Jugend an galt sein Interesse den Geheimnissen des Universums. Er reiste viel, brachte viele Jahre in Ägypten zu und wurde dort in das sogenannte Mysterienwissen eingeweiht, das Wissen um die Mysterien der Natur. In einer erhabenen Vision erkannte er die Bewegung der Planeten und der Himmelskörper vom Rhythmus kosmischer Harmonie bewegt. Ihr Gesetz sollte analog auf allen Ebenen der Offenbarung erkannt werden, und dies dank der Zahlenmystik, die jene Beziehungen ineinanderwirkender Rhythmen aufzeigt. Pythagoras gründete in Großgriechenland (Unteritalien) eine Akademie zur Vervollkommnung des Menschen. Der Einfluß dieser wahrhaft initiatischen Gemeinschaft war außergewöhnlich. Der Unterricht umfaßte und verband Philosophie, Religion, Ethik und Naturwissenschaften.

Die Heilige Zahl gleichsam als Archetyp des Numinosen, als vergeistigte Ideation des Wesens der Dinge, stellt das Bindeglied zwischen dem »Wort« und seiner Entfaltung dar, also zwischen jedem Ding und allen anderen. Prüfungen verschiedenster Art gaben dem »zum Wissen Zugelassenen« Gelegenheit, seinen Glauben, seine Ausdauer, seine Fähigkeiten und seine Aufgeschlossenheit unter Beweis zu stellen. Gelang dies, wurden die Schüler zum Innenhof, der »Esoteria«, zugelassen, um den Meister anzuhören. Schöpfung führe vom Chaos zur Ordnung, behauptete Pythagoras. Ordnung offenbare sich durch Harmonie, an der alles Bestehende teilhabe. Das rhythmische Ineinanderwirken bezeuge die gegenseitige Abhängigkeit, die dem Ursprung, der Weltseele, entstamme.

Jahre vergingen, und das Ansehen der Gemeinde wuchs. Eines Tages aber rächte sich ein Schüler, der die geforderten Prüfungen nicht bestanden hatte, und hetzte während einer politischen Kundgebung die Menge durch nichtige Vorwände auf. Sie steckte die Gebäude der Gemeinde mit allen Insassen und allen dort sich befindenden Dokumenten in Brand. Pythagoras selbst scheint der Tragödie von Metapontum entgangen zu sein, aber sein Tod bleibt, wie der aller großen Weisen, geheimnisvoll. Trotz strengster Geheimhaltung hat die mündliche Überlieferung das Licht, wenn auch im Verborgenen, bewahrt. Selbstverständlich fehlte es im Laufe der Jahrhunderte nicht an phantasievollen Ausdeutungen; dennoch hielt ein roter Faden unverfälschter Überlieferung die Symbole einer Lehre lebendig, die keinen der großen abendländischen Geister unbeeinflußt ließ.

An Wendepunkten der Geschichte sollten die legitimen Erben einer heiligen initiatischen Wissenschaft ihr Erbgut fordern. Denn sonst besteht die Gefahr, eine ewig gültige Gedankenströmung zu verlieren, die als Quintessenz der menschlichen Erfahrung Einblick gewährt in das Wesentliche, in die Metaphysik der Einheit in der Vielfältigkeit.

Die Rhythmen des Universums schienen Pythagoras den göttlichen Plan zu spiegeln. Insofern gab er dem Wort *Philosophie* den Sinn einer Weisheitssuche, die zum richtigen Denken und mit ihm zum richtigen Handeln anleitet. Um die wahre Philosophie zu fördern, waren inneres Schweigen und Geheimhaltung geboten. Völliges Schweigen wurde im übrigen jedem Schüler während der ersten Jahre seiner Zulassung auferlegt. Inneres Schweigen war im Laufe der Zeit nicht nur das Resultat der Lehren, sondern auch des brüderlichen Verhaltens als Folge wiederum einer beständigen Bereitschaft des Herzens und des Geistes. Der Meister lehrte die wohltätige Macht des Schweigens, dank der die Symbole in uns meditieren; denn sie übermitteln die Botschaft des offenbarten und des nicht offenbarten Lebens, eine Botschaft, die sich in ihrer Geheimsprache spiegelt. Der Schwur der Geheimhaltung, von dem nur Plato scheinbar entbunden war, wurde durch folgende Worte besiegelt: »Ich schwöre bei dem, der unserer Seele die Tetraktys verlieh, in der sich die Quelle und die Wurzel der Ewigen Natur befinden.« Dieser Schwur beweist die außerordentliche Bedeutung, die der Tetraktys – die Formel: $1 + 2 + 3 + 4 = 10$ – beigemessen wurde. Diese scheinbar so einfache Formel erlaubt jedoch eine beträchtliche Anzahl von Ableitungen. Sie umschreibt die dynamischen Eigenschaften des homothetischen Wachstums, ein Wachstum ohne Änderung der Form, wie auch die harmonische Beziehung der Größenverhältnisse 2:1, 3:2 oder 4:3, also die musikalischen Beziehungen der Oktave, der Quinte oder der Quarte, also der Akustik.

Es geht hier nicht darum, alle Beziehungen zu verfolgen, die sich nach und nach ergeben. Es genügt, darauf hinzuweisen, daß in der Musik, der Architektur und der Malerei Zahlenverhältnisse die dynamischen und harmonischen Eigenschaften der Töne, Volumina und Farben bestimmen, und daß die Tetraktys im weiten Sinne zu der harmonischen Bewegung der Planeten und der Gestirne führt. Beschränken wir uns auf das Verständnis der Zahl Zehn als Zahl der Vollkommenheit und der Vier als Zahl der raum-zeitlichen Welt und ihrer vier Himmelsrichtungen. Und halten wir fest, daß die Dekade aus der Viererreihe $1 + 2 + 3 + 4 = 10$ hervorgeht. Dies brachte Pacioli und Leonardo da Vinci auf die Idee, aus ihr das Vorbild der göttlichen Proportion abzuleiten, den Goldenen Schnitt, eine Konstante der Natur. Und Kepler verdankt der Tetraktys die Entdeckung der astronomischen Gesetze, die ihn berühmt machte. Kopernikus leitete den heliozentrischen Charakter unseres Universums, der zwar seinerzeit bekannt war, aber dann vergessen wurde, von ihr ab. Auf der Symbolebene läßt sich die Tetraktys folgendermaßen umschreiben. *Eins*, das Kausalitätsprinzip, verwirklicht sich durch die *Zwei*, die formverleihende Matrix, was zur *Drei* führt, der göttlichen Weisheit, die sich wiederum in der *Vier*, der raum-zeitlichen Welt, offenbart, um zur *Zehn*, der Symbolzahl der Vollendung des Ganzen, zu führen. Die Zivilisation in der pythagoreischen Vision umfaßt alle rhythmischen Beziehungen, die den Menschen mit dem lebenden Kosmos verbinden. Die göttliche Liebe und die irdische Liebe weben ein wahres Band der Brüderlichkeit zwischen dem Mineral, der Pflanze, dem Tier, den Menschen und den Göttern. Die sich im Rhythmus der Wiedergeburten fortsetzende Evolution fordert den Menschen auf, sich durch seine schöpferische Handlung, die dem Genius seines Ursprungs zuzuschreiben ist, an schöpferischen Kräften anzuschließen, die im Kosmos walten, um unter allen Himmeln das Gute, Schöne und Wahre, das die Götter offenbaren, zu bezeugen. Abgesehen von der zyklischen Wiederkehr der Existenzen, verschafft die Wiedergeburt Zugang zu einem höheren Leben, das die letzte Etappe der irdischen Entwicklung ist. Ihr entsprechend soll der Mensch im Verlauf folgender Existenzen Prüfungen erkennen, annehmen und bestehen, um die Vollkommenheit zu erlangen, durch welche die Seele, befreit von den Banden der Wiederverkörperung, fähig wird, den reinen Geist zu schauen.

Wiedergeburt oder Seelenwanderung gehören zu den Grundlehren des Meisters von Samos. An der Porta Maggiore in Rom kann man die einzige bekannte pythagoreische Basilika besichtigen. Dort befinden sich zwei Stuckreliefs. Das eine stellt eine junge Frau dar, die eine siebensaitige Lyra in der Hand hält. Unter den Augen von Eros stürzt sie sich in die Flut. Eine Sirene erwartet sie und geleitet sie zu einer Insel, wo Apollo thront. Von der Liebe bewegt, sucht die harmonisch schwingende Menschenseele das Vergessen des Todes, um das Leben zu finden. Das zweite Stuckrelief stellt eine Bacchantin dar, die einer anderen Bacchantin ein Zicklein, Symbol des Eingeweihten, reicht, die es an ihrem Busen nährt. Wie das Zicklein strebt der Geist jenseits des Todes der Milchstraße zu, die im hyperboreischen Mythos, auf den sich Pythagoras stützte, die höchste Stufe der Einweihung versinnbildlicht. Den überlieferten Lehren des Pythagoras zufolge besitzt die Einweihung in die Dinge des Lebens eine wissenschaftliche Grundlage. Denn sie umschließt die Kenntnis der Naturgesetze und führt zu Eingebungen durch jene Weisheit, die wiederum dieser Kenntnis entspringt. Eines der Grundgesetze der Natur ziehe die ewige Erneuerung der Formen nach sich, um ihre zunehmend bessere Anpassung zu fördern. Im Sinne dieser »Mysterien«-Lehre gilt: Das Leben *ist,* ohne Anfang und ohne Ende, und es besteht fort, mag auch das Dasein, das es widerspiegelt, aufgehoben sein. Die individualisierte Seele des Menschen baut sich in periodischen Abständen einen neuen Körper, damit die aufeinander folgenden Erfahrungen eine Quintessenz destillieren, die den künftigen Weg der Seele bestimmt, denn sie ist berufen, eines Tages in die Weltseele einzugehen, aus der sie stammt. In dieser Version ist der sowohl physische als auch der initiatische Tod als Schwelle anzusehen, die von dem einen Bewußtseinszustand zu einem anderen führt. Auf der physischen Ebene löst er das Grobe und polarisiert das Unsterbliche. Auf initiatischer Ebene versinnbildlicht er das Loslassen all dessen, das gesichert erschien: Meinungen, Gewohnheiten, Rechtfertigungen und Überzeugungen. Der erwachte Mensch, der wiedergeborene Mensch, kann sich also frei, in der Transparenz seiner Natur und mit großer Inbrunst dem Großen Werk widmen, indem er seine Worte und Handlungen den Ansprüchen der höheren Ebenen anpaßt. Das wäre seine hohe Bestimmung. Sich dessen bewußt zu werden, würde die weltweite Angst in Hoffnung verwandeln, und das Vertrauen in ein allzuoft mißverstandenes Schicksal ermöglichte, dieses Schicksal auszuleben.

In mancher Hinsicht nähert sich das Christentum der pythagoreischen Weltsicht, in der das Symbol lebendig ist, und in der das Schönc als Strahlung des Wahren triumphiert, um die Liebe,das Gesetz des Lebens, zu offenbaren. Es scheint sicher, daß Pythagoras von den Ägyptern den heiligen Charakter der Geometrie übernahm und vielleicht auch die Bedeutung der Geheimhaltung. Sie war geboten, den Mißbrauch einer Kenntnis zu verhindern, die den spielerischen Umgang mit der Geheimklaviatur der Naturkräfte ermöglicht. Man muß jedoch betonen, daß die aus dem Westen und dem Norden, also aus der hyperboreischen Tradition stammenden Beiträge ganz erheblich waren. Im mythischen Land der Hyperboreer sah man einst den Ursprung der höchsten Weisheit. Pythagoras wurde als die Wiederverkörperung eines hyperboreischen Weisen angesehen. Die Legende identifizierte ihn mit dem »hyperboreischen« Apollo. Apollo, der auf Delos, der leuchtenden Insel, geborene Bruder der Artemis, der Göttin der jungfräulichen Natur, verkörperte die Schönheit, die Weisheit und das Licht des Geistes. Außerdem berichtet die Legende, Pythagoras habe einen nordischen Magier, der aus dem Hyperboreerland gekommen sei, die Zukunftsschau gelehrt, die höchste Form der Wahrsagung, weil er ihm dafür danken wollte, daß er in ihm einen Daimon, einen Halbgott, erkannt hatte. So haben die Magie Ägyptens, die Klarheit Griechenlands und das keltische Wissen zusammengewirkt, um die Etappen einer schwindelerregenden Odyssee des Menschen zu übermitteln, um den Menschen aufzufordern, sich selbst zu überwinden und voraus zu sein, damit das kosmische Gesetz erfüllt werde. Zweifellos nahm die Alte Welt die Evangelien so vorbehaltlos an, weil der Opfertod Christi einer unseren Vorfahren vertrauten Gesinnung der Brüderlichkeit eine neue Dimension verlieh, indem er ihr Barmherzigkeit und Nächstenliebe an die Seite stellte.

Jeder hat die Etappe dieser schwindelerregenden Odyssee durchlaufen. Ergreifen wir also unseren Pilgerstab und brechen wir auf zur Entdeckung der Welt. Wir wollen den Rahmen unserer eingeengten Begriffe verlassen und in den Spiegel der reinen Wahrheit schauen, die sich demjenigen offenbart, der jenseits des Scheins der Dinge des Lebens das entdeckt, was dieser Schein erfüllt.

9
Die Gnosis – Metaphysik der Wahrheit

Der Eremit, entschlossen, die kosmische Entdeckungsreise anzutreten, gelangt eines Tages an den Scheideweg. Von seinem Glauben geleitet und in dem Wunsch, eine Welt zu verlassen, die ihn nicht versteht, fühlt er sich allein. Don Quichottes Worte fallen ihm ein: »Diese Welt besteht nur aus Machenschaften und Ränken, das eine gegen das andere. Was kann ich schon tun?«

Gequält von nagendem Zweifel, versucht der Eremit seiner Einsamkeit zu entgehen, obwohl sie seine innere Verwirklichung fördert. Er sucht eine verwandte Seele, und wenn er glaubt, sie gefunden zu haben, möchte er ihr Eigenschaften zulegen, die vielleicht eingebildet sind. Er will Beziehungen oder Bindungen, die nicht dem Sehnen entsprechen, dem er gehorcht, auflösen, und hegt den Wunsch, den zum Wesentlichen führenden Weg gemeinsam mit einer ihm verwandten Seele zurückzulegen. Dabei verfällt er oftmals der Illusion. Eines Tages jedoch verschwindet sie, und noch einsamer, auch entmutigter, zögert er entweder, der Versuchung eines genußverheißenden Daseins nachzugeben, oder fortzuschreiten auf dem Wege, dessen Ende nicht in Sicht ist. Er ist sich bewußt, daß dieser Weg ihn zwingt, Machtansprüche, Streben nach Genuß und Selbstbestätigung aufzugeben, ohne jedoch zu wissen, wie er sich ihrer entledigen kann. Das Arkan *Der Liebende* zeigt die Schwierigkeit dieser Entscheidung. Auf der einen Seite die Versuchung (in der mittelalterlichen Kunst dargestellt durch eine liederliche Frauengestalt), auf der anderen Seite die wesentliche Suche (einst dargestellt durch eine gekrönte stolze Frau). Die symbolische Grafik verbildlicht die Versuchung in phallischer Form, da der Phallus die Sinneskraft der Dinge der Erde widerspiegelt. Das Phallussymbol – im Sanskrit *Lingam* – ist auch das Symbol der schöpferischen Kräfte. Das hat mit Erotik nichts zu tun. Das Lingam auf seinem viereckigen Sockel, dem Yoni, oder auch der Matrix, versinnbildlicht die Wirkfähigkeit, und das Yoni die Form, die sie offenbart. Lingam und Yoni sind also in der orientalischen Symbolik gleichbedeutend mit Yin und Yang, mit Sonne und Mond. Die Sinnlichkeit ist ein mächtiges Lockmittel und verbindet sich mit dem Streben nach Macht und Genuß. Man glaubt an die trügerische Verheißung, durch Macht den Durst nach sinnlicher Befriedigung zu stillen. Man merkt nicht, daß man sich selbst überlistet, und man erwägt die Folgen eines Paktes mit dem »Teufel« nicht. In ihm sieht man symbolisch alle instinktiven, triebhaften, also alle blinden Kräfte. Demgegenüber steht die »Enge Pforte«, durch die die vom Gedanken der eigenen Bedeutung aufgeblähte Kreatur nicht hindurchkam. Sie gibt Einlaß, sagt die Schrift, ins Reich Gottes und seiner Gerechtigkeit. In dieses Reich gelangt man nur durch Läuterung, durch eine Askese, die vom Sonnenrad dargestellt wird, das als Symbol des Geistes oder des Feuers auf dem goldenen Dreieck des höchsten Verständnisses ruht. Es ist das Universum der kosmischen Harmonie im vollkommenen Ausgleich der schöpferischen Kräfte der Natur, die sich im Geschaffenen spiegeln.

Der Glaube des Eremiten – als Licht der unsterblichen Seele gleichzeitig Wesen, Erkenntnis und Substanz – ist der Bewußtseinszustand, der Kompaß, der den Weg weist. Seine Magnetnadel gibt unfehlbar die Richtung an. Sie bezeichnet den Weg der Erkenntnis, die über die Grenzen der raum-zeitlichen Welt hinausgeht, in die man jedoch, ständig forschend, eindringen soll. So begegnet man dem Teufel. Nicht als Schreckbild, sondern als dunkler Bruder, der die unbefriedigten, uneingestandenen und somit verdrängten Instinkte, Triebe und Wünsche personifiziert. Der dunkle Bruder muß geliebt werden, denn durch Liebe, das universelle Lösemittel, entsteht Verständnis für alle Verdrängte. Es zu verkennen heißt, seine Macht stärken. Es verstehen, wandelt instinktive, triebhafte, vernunftwidrige Impulse in schöpferische Initiation. Der Sinn dieser Alchimie, die so die Wissenschaft der Schöpfung des Menschen durch sich selbst ist, wird demnach klar. Die symbolische Darstellung des Arkans *Der Teufel* soll das große Rätsel dieser Welt verständlich machen. Erinnern wir uns in diesem Zusammenhang an das Pentagramm, den fünfzackigen Stern, das Haupt-Siegel des Großen Werkes, das den Menschen als Herrn seiner vier Glieder symbolisiert oder, analog dazu, als Herrn der vier Elemente, aus denen die Materie besteht. Sein Kopf, eingezeichnet in die Spitze des Sterns, seine gespreizten Arme und Beine, eingezeichnet in den vier weiteren Strahlen, bezeugen dies. Jedes Symbol kann jedoch umgekehrt werden. Das umgekehrte Pentagramm stellt dann den priapeischen Bock dar, dem sich die Frauen beim Fest der Saturnalien im alten Rom hingaben. An diesem

Fest wurde einmal im Jahr die Welt des Alltags für 24 Stunden umgekehrt. Die Matrone wurde zur Hetäre, der Sklave zum freien Mann – eine Umkehrung, die das Ur-Chaos nachahmen sollte, das, wie man dachte, von allen Sünden reinigte. Die Umkehrung der geltenden Werte wirkte wie ein Vollzug. Am nächsten Morgen, so glaubte man, sei alles neu, und diese Überzeugung verlieh ein gutes Gewissen. Der Karneval, eine verwässerte Form der einstigen Saturnalien, setzt den damaligen Glauben fort, und so erklärt sich die Bedeutung, die diesem Fest in einigen Ländern beigelegt wird. Nicht nur in der Zeit des Karnevals führt der Teufel den Ball an auf der Bühne Welt. Er verleitet ohne Unterlaß die Menschen zu einem frenetischen Taumel, zu einem weltumspannenden Reigen aller im Netz ihrer Unwissenheit Gefangenen. Die beiden gen Himmel gerichteten Spitzen des umgekehrten Pentagramms stellen die Hörner des priapeischen Bocks dar, des Symbols der entfesselten Sinnlichkeit. So wird das Arkan *Der Teufel* verständlich. Eingeschlossen in den engen Rahmen der Welt, in der Satan herrscht, der trennt, was nach Einung strebt, weiß er sehr wohl, daß das Fortschrittsgesetz letztlich alles sprengt, was ihm widersteht. Der Schwefel (alchimistisches Symbol des Geistes), das Quecksilber (Symbol der dahineilenden Zeit), die aus der Erkenntnis geborene Liebe und das Göttliche Gesetz, das sich in den acht Richtungen der Windrose offenbart, unterwerfen den Rahmen einer harten Prüfung. Früher oder später wird er nachgeben und alles, was sich der Gnosis widersetzt, sprengen, also alles, was der Metaphysik der Wahrheit in ihrer Einheit zuwiderläuft. Sie versinnbildlicht den Stützpunkt, von dem aus Archimedes meinte, die Welt aus den Angeln heben zu können. Das grafische Zeichen der Gnosis oben rechts auf der Karte des Arkans *Der Teufel* mag begreiflich machen, daß die Wahrheit in ihrer Einheit Antworten gibt auf die fundamentalen Fragen, die in den Symbolen widergespiegelt werden. Die Symbole sind also nicht leblose Figuren, sondern Sinnbilder dynamischer Lebenskräfte. So kann Gnosis grafisch durch einen violettfarbenen Kreis gekennzeichnet werden, in dem ein Dreieck das höchste Verständnis in seiner Dreifaltigkeit verbildlicht.

Oben links auf der Karte findet man das in die acht Richtungen des Raumes wirkende göttliche Gesetz, dargestellt durch zwei kongruente Quadrate, deren eines um 90° im gemeinsamen Mittelpunkt gedreht ist. Das grafische Zeichen der Gnosis verbildlicht zusätzlich das Universum: ein von einem Kreis umschlossenes Dreieck. Dieses umschließt einen zweiten Kreis, dessen Tangenten ein Quadrat bilden. Dieser zweite Kreis stellt die Sinnenwelt dar, den Spiegel des Universums und seiner Harmonie. Beziehungen verhüllend, trennt der Teufel Beziehungen des Yin und Yang, des Positiven und Negativen, des Männlichen und Weiblichen. Er ist somit Ausdruck des »Bösen«, da nur die Einung der zwei Naturen die reine Wahrheit im Einen zum Ausdruck bringt.

Die Begegnung mit dem Teufel ist unerläßlich, da nur die Erforschung der dunklen Tiefen zum Licht führt. Es steht geschrieben, daß »das Licht in der Finsternis leuchtet, auch wenn die Finsternis es nicht begreift«. Zum Himmel aufzusteigen, ist nur möglich nach entsprechend erforschten Tiefen, also der Hölle, und erst nach dieser Erkundung läßt sich das Schicksal meistern. In der Bildersprache des Tarot meint dies, die Kurbel des Glücksrades, das Rad seines Schicksals ergreifen, sobald das Oben wie das Unten erkannt sind. Dazu gehört der Mut, den Rahmen des Alltäglichen, der Gewohnheiten, zu verlassen, klar in sich hineinzublicken und dem Sehnen nachzugeben, das aufwärts und dorthin strebt, wo sich der Mensch voraus ist. »Der Turm« zeichnet diese Bewegung nach. Die Kreatur, das Symbol triebhafter Instinkte und Leidenschaften, bricht zusammen. Der von seinem Glauben getragene Eremit ist befreit von dem Panzer, in dem sich die Kreatur verkroch. Er überläßt sich der Anziehungskraft der höheren Mächte; er versteht, daß nichts Gültiges erwächst, dessen Keim nicht von oben gesät wurde. Nun erhellt sich der Sinn des menschlichen Daseins. Sein Widerschein nimmt in der dunklen Kammer der Seele die Strahlen der Schönheit an – bereit, Schicksal zu erfüllen und die Kurbel des Glücksrads zu ergreifen, um sie nie wieder loszulassen.

10
Symbole und Allegorien

Das Rad symbolisiert die Welt des Werdens. Seine Felge stellt in der Strahlung der vom Zentrum ausgehenden Speichen das offenbarte Universum dar. Und die Nabe, das bewegungslose Zentrum, ist dem geheimen Feuer vergleichbar, das die Drehung auslöst. *Rad – Rota – Thora – Tarot* sind Worte, die als Anagramm die Bewegung des Lebens und, im weiteren Sinne, sein Gesetz veranschaulichen. Zwar wird man durch eine erweiterte Sicht der Dinge des Lebens nicht vernünftiger, als man ist, aber man ist vernünftig innerhalb seiner voll verfügbaren Vernunft. Um dorthin zu gelangen, ist das Schwerste zu vollbringen nötig, das vollbracht werden kann. Dies meint den Verzicht auf das bloße psychologische Gedächtnis – die Klassifikation, die Beurteilung und den Vergleich neuer Einrücke zu Lasten von Möglichkeit und Frische des Augenblicks und des unmittelbaren Verständnisses. Ein neuer Bewußtseinszustand ist nicht erlernbar wie eine Lektion. Die Matrix, die den neuen Menschen entlassen soll, formt sich allein durch die Auflösung und Neugestaltung der Wahrnehmungsfähigkeiten. Dabei wird der von seinem Glauben getragene Eremit auf der Hut sein müssen, nicht über die zahlreichen Hindernisse, Fallgruben und Klippen auf dem Weg zur Erkenntnis der Dinge des Lebens zu stolpern.

Wachsamkeit ist geboten, um nicht irre zu gehen und die Sprache der Symbole zu verstehen, die am Tag der Wahl eine wertvolle Hilfe sind. Die Symbole sprechen, aber ihre Sprache ist geheim. Ihre Botschaft zu entziffern, bedeutet, das Rätsel des Universums zu lösen, das Rätsel, das man selbst in seinem Wesen ist, um sodann die Kurbel des »Glücksrads« zu ergreifen, die siebte Etappe des Weges der inneren Verwirklichung. Das durch eine geflügelte Kugel dargestellte Universum verbildlicht den Hauch, der die Lebensdynamik in den acht Richtungen des Raumes verteilt. Der Hauch ist Ausdruck des geheimen Feuers, das die Drehung des kosmischen Rads auslöst; er vereint das unermeßlich Große und das unermeßlich Kleine, das Vergängliche und das Ewige, denn alles ist in allem. Dieses Gesetz des Hauches zu erkennen - gigantische Diastole und Systole der Weltseele, vom Leben zum Dasein und vom Dasein zum Leben führend -, heißt, die Kurbel des Schicksalsrads ergreifen, in voller Kenntnis ihrer Funktion. Das Glücksrad hat acht Speichen, denn acht ist die Zahl der kosmischen Ausgeglichenheit. So ist acht die Zahl der Windrose; es gibt acht Speichen des Rades des buddhistischen Gesetzes, und die Alltagssprache kennt acht Tage und meint damit eine Woche, wobei der achte Tag den Beginn eines neuen Zyklus, Zeichen der ewigen Wiederkehr, andeutet. Die Dualität der geoffenbarten Welt wird durch die beiden Schlangen versinnbildlicht, die das Rad tragen. Die Ausgeglichenheit der beiden Pole vermittelt den Eindruck eines anscheinend bewegungslosen Rades in der Harmonie seiner Bewegung, ein Eindruck, der das Begriffsvermögen den Begrenzungen der Dualität entzieht. Das so befreite Begriffsvermögen kann im Herzen der Dinge mit der Gesamtheit aller ihm zur Verfügung stehenden Mittel wirken und das Schicksal des Menschen lenken. Ein leichtes Boot trägt es auf den tiefen Wassern des Unbewußten, aus denen all das aufquillt, was instinktiv, impulsiv, tellurisch ist. Die tiefen Wasser bergen auch das geheimnisvoll Erworbene des Fortschritts, Quintessenz einer langen, langen Vergangenheit. Das leichte Boot ist die Plattform, die das Dasein trägt. Deshalb ist es früher oder später unvermeidlich, in die geheime Welt des Unbewußten einzudringen, damit das Boot nicht kentert. Um eine Ausgewogenheit zwischen Intellekt und Seele zu erzielen, um die Kurbel seines Schicksalsrads wissend zu ergreifen, ist nötig, alles Verdrängte, alles, das zum Licht strebt, zu entdecken. Die mittelalterlichen Darstellungen der Karte zeigten seitlich am Glücksrad zwei allegorische Wesen: wohltätig das eine, der Geist des Guten, bösartig das andere, der Geist des Bösen. Bezeichnenderweise trägt das erste den Hermesstab, das Symbol der Erkenntnis, das zweite den Dreizack, das Symbol der schöpferischen Urkräfte, die auch unangemessen verwendet werden können. Vergessen wir jedoch nicht, daß Allegorie und Symbol nicht dasselbe sind. Die Allegorie ist, streng genommen, ein Trugbild, eine Ersatzfunktion; ein Sachverhalt wird durch ein Bild repräsentiert. So zeigt ein Verkehrsschild mit Kindern die Nähe einer Schule an. Oder eine säende Frau auf einer Geldmünze verbildlicht die Großzügigkeit einer Nation - und sicher auch den Stolz auf diese Eigenschaft. Das Symbol hingegen ist eine ewig lebende Idee in rätselhafter Verhüllung und Unendlichkeitsstruktur. In jedem lebt eine Welt von Symbolen, die, geweckt, eine andere Bewußtseinsebene erschließen. Die Säerin kann folglich kein Symbol sein, denn das

Ewigweibliche, sollte sie es versinnbildlichen, gibt zurück und empfängt, aber sät nicht.

Da die Vernunft des erwachten Menschen zur Kurbel des Schicksalsrads wird, sollte man es mit der erforderlichen Geschwindigkeit und in dem vom Zeitrhythmus vorgeschriebenen Sinn drehen. Dazu ist der volle Einsatz all seiner Fähigkeiten nötig. Die symbolische Grafik stellt sie in Form zweier mit der Spitze aufeinandergestellter, aber durch einen Querbalken getrennter Dreiecke dar – ein vielseitiges Venussymbol also, das Ausgeglichenheit, Tod, Wiedergeburt und ewigen Neubeginn bedeutet. Der Planet Venus ist ja gleicherweise Abend- und Morgenstern, aber auch Sinnbild der geistigen Verbundenheit in der Verwandtschaft und Harmonie des gegenseitigen Austausches und der Freude, die ihm entspringen. Die Waage haltend dem Venussymbol, an einem Tau befestigt, das über die Felge des Rads gelegt ist und beide Symbole verbindet, schwebt eine Muschel mit einem an einem Stiel befestigten Dreizack. Da die Sinnbilder leben, mögen sie sprechen: »Die Wasser haben mich geboren«, behauptet die Muschel. »Ich fing in meiner Schale den Samen von Uranos auf, dem Herrn des Himmels, der durch Kronos, seinen ungestümen Sohn, entmannt wurde. Aus meiner Muschelschale stieg Venus empor, die schönste der Göttinnen: Sie ist das Bild der unbesiegbaren Kräfte der Fruchtbarkeit, nicht in ihrem Ertrag, sondern im leidenschaftlichen Wunsch, den die Liebe, die Schönheit erweckt, adelt.« »Meine Muschelschale ist ein Musikinstrument, und der druchdringende Ton, den man ihr entlocken kann, erschüttert die Gefüge des Intellekts und erleichtert die geistige Erhebung. Der meine Muschelschale verlängernde Dreizack ruft die dem Urgrund entspringenden schöpferischen Kräfte zur Wirkung. Sie können, gelenkt durch seine drei Spitzen, die tiefen Wasser des Unterbewußten aufwühlen oder beruhigen und so denjenigen, der dies erkennt, auch zu erkennen geben, was sie verbergen.» «Der Geist bewegt die Oberfläche der Tiefe«, heißt es, und so können die tiefen Wasser des Unterbewußten nur einen Gewitterhimmel widerspiegeln, wenn sie getrübt sind. »Jedoch durch die Macht des Dreizacks beruhigt, klären sie sich und wandeln sich zum Spiegel des bis dahin Verborgenen.« Und das Venussymbol besagt: »Ich bin der Botschafter der Sonne.« »Ich versinnbildliche die drei Attribute der schöpferischen Natur und die drei Aspekte der geschaffenen Natur. Ich bin das Sinnbild der Schöpferkraft, die Form annimmt, um sich zu verwirklichen; ich bin das Sinnbild des Logos, der sich in seiner Schöpfung spiegelt. Auch zeige ich den Menschen den Weg zu den Sternen, da ich Morgen- und Abendstern bin. Ich verführe zum Nachdenken und nehme viele

Gesichter an, so die der Göttinnen der Fruchtbarkeit, um Liebe, Güte und Harmonie zu verbreiten.«

So sprechen Symbole. Der Mensch auf dem Weg des Erwachens darf sie nicht überhören. Auf der Suche nach Axiomen, Wahrheiten, einer Evidenz, die unmittelbar gegeben, logisch nicht zu beweisen ist, muß sich der Mensch zur Höhe der Sterne erheben, um die Welt von oben zu betrachten. In dieser Höhe wird er sich bewußt, daß der Geist letztlich über die vom Unwissen gezeugten Leidenschaften triumphiert, die sich der klaren Einsicht, den höheren Vorsätzen des Lebens entgegenstellen.

Die Evolution schreitet unaufhörlich fort. Eine nie versiegende Dynamik pulsiert im Schmelztiegel der Welt, dort, wo die höchste Vernunft ihren Ausdruck findet, um sich in der unendlichen Vielfalt der Formen in dem im ewigen Wechsel begriffenen Universum zu verwirklichen. Man ist berufen, den schweren Deckel zu heben, unter dem seit Äonen der Stein der Weisen ruht. Dieser Stein der Weisen meint Selbst-Erkenntnis, im rechten Glauben an das Leben, an sein Licht und an seine Wahrheit, offenbart durch Harmonie, dem Fundament der höchsten Vernunft in ihrem sichtbaren Ausdruck.

Vorsicht ist jedoch geboten vor dem Doppelsinn eines Wortes, der sich zwischen zwei nur scheinbar gleichlautenden Begriffen aufbaut: *Glaube* und *an etwas glauben* meinen etwas wesentlich Unterschiedenes. Der Ausdruck *an etwas glauben* leitet sich seinem Hintergrund und seiner Valenz nach aus der menschlichen Erfahrung in einem scheinbar feindlichen Universum ab. Furchterregende Energien entfesseln sich. Sie zwingen den Menschen, die eigene Schwäche und eine fremde Überlegenheit einzusehen. Er glaubt an eine Wesenheit, deren Allmacht ihn beherrscht. Er sucht, ihre Gunst zu gewinnen und bangt, seine Unzulänglichkeit könne noch schlimmere Katastrophen nach sich ziehen. Diese Art Glaube, verstärkt durch eine Gefühlserregbarkeit, die sich in mentalen Klischees fortsetzt, führt zur Bildung von Vorschriften, Regeln, Theorien und Systemen, die der Bewegung des Lebens zuwiderlaufen. »Aug um Auge, Zahn um Zahn« drohen die Sadduzäer. »Liebet selbst eure Feinde«, antwortet mit Nachdruck Jesus, »und ihr werdet das Gesetz des Lebens in euch selbst entdecken.« Das ist das Wesen des wahren Glaubens; es kommt dem Beben der Seele gleich angesichts der Strahlung einer transzendenten Realität. *An etwas glauben* ist nur ein Produkt des menschlichen Gehirns, auch sprachlich den Abstand zum Objekt, wie seine Austauschbarkeit, markierend – einem Schwamm gleich und immer bereit, sich mit all dem verabsolutierten Teilwissen vollzusaugen, das die Sinne vermitteln. *An etwas glauben* lähmt den geistigen Aufschwung, zeichnet lediglich das Denken nach. Es stützt sich auf Meinungen, dem Ergebnis nur unzulänglicher Beobachtungen. Sich an sie zu halten, engt ein, unterstellt einem Funktionszwang. Man will nicht nur an etwas glauben, sondern es auch bekräftigen, indem man alle bekämpft, die das für wahr Gehaltene anzweifeln. Die politischen, sozialen und technokratischen Vulkane kochen. Ströme von Lava drohen, eine Zivilisation zu verschlingen, die vergaß, die Produkte menschlichen Genies den Geboten einer Weisheit zu unterstellen. Dies allein bewahrte vor einer vernichtenden Entfesselung noch verfügbarer Energien. Der stete Fortschritt der Wissenschaften jedoch überantwortet unsere Souveränität jener der Begriffe, die wir selbst prägten, in die wir uns verbissen, und die uns in ihrer Eigengesetzlichkeit allein lassen. Worte nehmen einen neuen Sinn an, das Universum aus Materie und Antimaterie löst sich in Elektronen und Antielektronen, in Partikel und Antipartikel auf. Unschlüssigkeit greift um sich angesichts der sich wandelnden Welt. Wo versteckt sich die Wahrheit? Sie ist schwer zu umschreiben, noch schwerer zu entdecken. Und doch kann der Mensch nur durch sie sein Schicksal meistern. Die einen suchen sie, die anderen behaupten, sie zu besitzen, wieder andere sagen: Jedem die seine. Die Wahrheit ist das wechselnde Bild einer Realität, und das Wahre ist die Achse, um die sich das Universum dreht, also auch das »Glücksrad«, eines jeden Schicksalsrad.

Wenn das Wahre der abstrakte Ausdruck einer Realität ist, die man durch das Wechselspiel der sichtbaren Formen, die sie verhüllen, gewahr wird, dann nimmt es teil an der Bewegung des Lebens. Man kann es mit der Nabe des Glücksrads vergleichen, vor allem, wenn man sich der Worte von Lao-Tse erinnert: Dreißig Speichen streben zur Nabe, aber die Leere ist ihr Wesen.

Die Leere, um die es hier geht, meint den Vollbesitz der Fähigkeiten, wenn sie im Schweigen des Intellekts erwachen. Durch diesen Vollbesitz offenbart sich das Wahre, das in jedem lebt, im Herzen, wenn der Geist es sucht, im Geist, wenn das Herz es zum Ausdruck bringt. Das Arkan *Das Glücksrad* wirft die ewige Frage auf: »Was weiß ich, was bin ich, was werde ich sein, woher komme ich, wo bin ich, wohin gehe ich?« »Ich komme vom, ich gehe zum, ich bin im ewigen Jetzt.« Dies ist die Antwort der hermetisch-gnostischen Initiation. Das Glücksrad führt somit geradewegs zum Arkan *Die Herrscherin*, die die erhabene Weisheit in ihrem schöpferischen Ausdruck darstellt. Die Herrscherin regiert die Welt, die gleich dem Phönix stets neu aus der Asche ersteht. Sie versinnbildlicht die leuchtende Kraft allumfassender Zeugungsmacht und alle Tugenden der Weiblichkeit: Anpassungsfähigkeit, Liebreiz und geheimnisvolle Anziehungskraft. So kann der Eremit, geleitet von der höchsten Vernunft, geleitet von der »Herrscherin«, die in jedem wohnt, die Kurbel seines Schicksalsrads ergreifen. Fortuna, nicht als Glück der Menschen, sondern als Glück der Götter, wird ihm lächeln. Er wird das Gehängtwerden annehmen, jedoch nicht als physische Hinrichtung, sondern als fundamentale Wandlung. Er wird dem Tod ins Auge sehen, denn er versteht, daß das Leben *ist*, auch wenn das Dasein unterbrochen wird. Er macht die »Herrscherin« zur Hauptkarte seines Spiels.

11
Sphäre und Kreis

Der Eremit, von der Herrscherin geleitet, weiß, daß Friede und Seelenruhe Voraussetzungen des Glücks sind. Er weiß, daß die Zeit ihn an die Drehung des kosmischen Rads kettet, an das Rad seines Schicksals. Und er bangt, es könnte heißlaufen im Wirbel der Leidenschaften. Nur die schöpferische Kraft vermöchte, seinen Lauf zu bremsen; dessen ist er sich bewußt. Vernunft ist die Kurbel des Glücksrads; mit ihrer Hilfe kann er sich der Bande entledigen, die das Unwissen webt. Der Eremit weiß, daß er, will er Freiheit gewinnen, aufhören muß, Erinnerungen wachzuhalten, die ihn an das Vergangene und an die Schatten toter Dinge fesseln. Über ihnen könnte er den gegenwärtigen Augenblick vergessen, und *er* muß erlebt werden. Die Zukunft ist nicht rückwärts gewandt. Er weiß es, aber die Zeit verrinnt. Eine Stimme, die vorgibt, die Stimme der Vernunft zu sein, flüstert ihm zu: Erinnere dich! Und ungeachtet seiner guten Vorsätze denkt er an sein Dasein, das hinter ihm entschwindet, und er fleht die Zeit an, ihm Ewiges zu geben, das nicht verwelkt, das sich nicht auflöst, das ihm nicht wie Sand zwischen den Fingern zerrinnt. Unberührt jedoch verfolgt die Zeit ihren Lauf. Unerbittlich verstreichen die Sekunden, die Minuten, die Stunden, die Tage. Der Eremit, im Bewußtsein, wie fern seine Meisterschaft liegt, im Vertrauen an den Geist, der ihm innewohnt, trifft seine Entscheidung. Er läßt los, was gesichert schien. Er nimmt die fundamentale Wandlung an, er überläßt sich einer besonderen Magie, der Magie der Umkehrung.

Was ist das für eine Magie? Was verspricht sie? Wie tritt sie in Erscheinung? Der der Mutter Erde verwurzelte Mensch spricht, hebt er die Augen zum Himmel, ganz selbstverständlich vom Unten, um seine Lage, und vom Oben, um das Himmelsgewölbe zu bezeichnen. Von seinem Standpunkt aus liegt das nahe. Dies ändert sich jedoch unter kosmischem Aspekt. Das Arkan *Der Gehängte* verdeutlicht es. Es beleuchtet eine fundamentale Angabe der sogenannten Mysterienwissenschaft, der hermetischen Gnosis. Erinnern wir uns an den Grundsatz der Smaragdtafel: »Was unten ist, ist gleich dem, was oben ist, um das Wunder des Einen zu vollbringen.«

Das Unten ist der Mikrokosmos, die irdische Welt, das Oben der Makrokosmos, das Himmelsgewölbe. Da das Universum ein eurhythmisches Ganzes ist, ist die Astrologie die Wissenschaft der makro- und mikrokosmischen Beziehungen, bemüht, den Schlüssel zu übermitteln, der die Einflüsse der Gestirne und Planeten auf das Schicksal der Menschen offenbart.

Die Astrologie - und das führt uns zur Magie der Umkehrung - stellt das Universum im Aufriß des Tierkreises dar. Vereinfachung oder von tiefer Erkenntnis getragene Eingebung?

Eine Sphäre - unser Universum - läßt sich in Form eines Kreises darstellen. Dieser geometrische Aufriß ist in gewissem Sinn eine Umkehrung. Sie veranschaulicht ein Phänomen, das man magisch nennen könnte. Es ist bekannt, daß die Oberfläche einer Kugel nicht entfaltet werden kann. Es ist unmöglich, eine Sphäre mit einem Blatt Papier zu bedecken. Man kann sie nur mit einem Mosaik kleinster Teilchen umkleiden. Unser Universum ist eine Sphäre. Es hat eine Krümmung, die durch die Relativitätstheorie bekannt geworden ist. So kommt ein Lichtstrahl nach Milliarden Lichtjahren an seinen Ausgangspunkt zurück, da seine Bahn durch das Vorhandensein interstellarer Materie gekrümmt ist. Stellen wir uns also diese unendlich große Sphäre vor, stellen wir uns vor, daß zwei Lichtstrahlen, von ihrem Nordpol ausgesandt, ohne Störung ihrer Bahn am äußeren Umfang der Kugel den Äquator schneiden, um dann auf eine am Südpol befindliche ebene Fläche projiziert zu werden. Geometrisch stellt sich der so ausgeführte Aufriß der Sphäre als Kreis dar. Die Sphäre hat ein Volumen, der Kreis nicht. Kreis und Sphäre sind zwei zusätzliche Aspekte der Umkehrung, weil - Wunder der Umkehrung - die Oberfläche des Kreises genau der Entfaltung der Sphäre entspricht. Ziehen wir die Lehre daraus und fassen wir kurz zusammen: Die Himmelssphäre kann vermittels eines Kreises - ihr geometrischer Aufriß - Auskunft geben über die Bewegung der Gestirne, über ihre Einflüsse und über andere Dinge mehr. Der Tierkreis ist dessen vollkommenes Beispiel. Lassen wir die Begriffe »oben« und »unten« fallen. Durchbrechen wir das Gewölbe unseres Firmaments und betrachten wir unser Universum im Aufriß. Für den Betrachter ist dieses unten. Das Arkan *Der Gehängte* beleuchtet diese Tatsache in seiner symbolischen Grafik, wohingegen die mittelalterliche Darstellung andere Annahmen erlaubt. Sie zeigt einen Mann, der an einem Bein an einem

Galgen aus zwei Bäumen mit je sechs Astknoten baumelt. In der Magie der Umkehrung wird die Bedeutung dieses Arkans offensichtlich. Die Menschheit, die sich wandeln muß, kann mit dem Gehängten identifiziert werden. Der Galgen ist ein symbolischer Galgen, denn er wird von der kosmischen Sphäre gebildet, der die Menschheit angehört. Diese Sphäre ist in ihrem Aufriß der Tierkreis, und so hängt der Eremit, versinnbildlicht durch den Fünfstern, am Rad des Tierkreises, Aufriß der Welt: Aber sein Bewußtsein schwingt sich aus diesem Kreis heraus, und das Universum von oben betrachtend, entdeckt er seine Geheimnisse. Im Besitz der Schlüssel begreift er das Gesetz der ineinanderwirkenden Rhythmen, also der pulsierenden Energien, durch die sich das Leben in allem Bestehenden offenbart. Es handelt sich nicht darum, Gegebenheiten der Astrologie zu beleuchten, obwohl sie eine der hermetischen Gnosis verwandte Wissenschaft ist. Es geht um das Schicksal des Menschen, das Fatum, das der Tarot enthüllt, und nur dieser Gesichtspunkt soll in Betracht gezogen werden. Gleichwohl darf man nicht vergessen, daß die sakrale und die weltliche Astrologie zwei zusätzliche Aspekte einer einzigen Wissenschaft sind. Die sakrale Astrologie stützt sich auf die Präzession der Tag- und Nachtgleichen, durch die sich das Sonnensystem alle 72 Jahre um einen Winkelgrad auf der Ekliptik verschiebt und so in 25920 Jahren den Zyklus im Tierkreis vollendet. Der Beginn des Zyklus ist für die sakrale Astrologie das Zeichen der Jungfrau, das Ende das der Waage. Die aus dieser Sicht entstehende Bewegung ist der der weltlichen Astrologie entgegengesetzt. Für letztere beginnt der Zyklus von 365 Tagen, der Zeit, die die Erde benötigt, um sich um die Sonne zu drehen, beim Zeichen des Widders. Die Erde ist jedes Jahr einen Monat lang dem Einfluß eines der zwölf Sternbilder des Tierkreises ausgesetzt. Stellen wir auch fest, daß das Tierkreisrad zwei imaginäre Achsen besitzt, eine vertikale und eine horizontale. Erstere stellt den Druck der Zeit dar, ursächlicher Druck, dem alle Energien entspringen. Die zweite Achse stellte den Raum dar, in dem der Druck der Zeit wirkt. Die vier Grundelemente: Wasser, Luft, Erde, Feuer sind jedes dreimal in den entsprechenden Tierkreiszeichen dargestellt. Das Tierkreisrad versinnbildlicht auch Involution, Evolution und Initiation, und jede dieser Etappen ist durch vier Zeichen vertreten. Wichtig ist zu wissen, daß sich gegenüberstehende Zeichen eine besondere Beziehung verbindet. Der Zyklus der weltlichen Astrologie beginnt beim Widder, also im Frühling, ein Zeichen, das der Waage gegenübersteht, die für die sakrale Astrologie den Keim des künftigen Zyklus enthält. Der Widder ist ein Zeichen des Feuers und, im erweiterten Sinne, des geheimen Feuers, das die Orientalen *Agni* nennen, ein Ausdruck, der phonetisch an die Wörter Aries, Ariadne und Agnus erinnert. *Aries* ist der von den Angelsachsen dem Sternbild Widder gegebene Name. *Ariadne* ist die reine Jungfrau, die Theseus die Flucht aus dem Labyrinth ermöglichte, dem Symbol all der Leidenschaften, die die Menschheit verblendet. *Agnus*, das Lamm, hat mythologischen Bezug zum Goldenen Vlies, dem Sinnbild der Erkenntnis. *Die Waage* versinnbildlicht in der sakralen Astrologie die Rückkehr des kosmischen Waagebalkens zum Ausgangspunkt. Das kosmische Jahr von 25920 Erdenjahren ist vollendet. Die im Laufe des Präzessionszyklus destillierte Quintessenz bildet das dynamische Potential des kommenden Zyklus. Das Zeichen der Waage kann in dieser Sicht dem Chaos gleichgesetzt werden, dem Chaos nicht als Unordnung, sondern als Keim einer neuen Offenbarung, die die Jungfrau zur Welt bringt. Sie schließt sich so den großen Göttinnen aller Traditionen an, die sich stets jungfräulich der Umarmung des Geistes überlassen, um die Welten zu gebären, die, wie der Phönix, immer wieder neu aus ihrer Asche erblühen.

Verbunden mit dem Tierkreisrad, wandelt sich das Pentagramm zu einem Symbol der das Universum von oben betrachtenden Menschheit. Erleuchtet durch das geheime Feuer, das der Widder verbildlicht, wird sich die Menschheit bewußt, daß sie zu einer kosmischen Entdeckung aufgerufen ist. Das Pentagramm verbindet durch vier seiner Spitzen vier Zeichen des Tierkreises. So steht das Zeichen der *Jungfrau*, das ätherische Meer, das eine Welt gebar, in grafischer Zuordnung zum Zeichen des *Skorpions*, einem Zeichen, das den Aufstieg zum Überbewußtsein verbildlicht. Das Zeichen *Zwillinge*, des sich in seiner Schöpfung wiedererkennenden Logos, ist grafisch dem *Wassermann* zugeordnet, auch *Aquarius* genannt, der Mundschenk der Götter, der einen Zyklus der Gerechtigkeit versinnbildlicht. Diese grafische Verbundenheit ist gewiß nicht zufällig und bedarf der Deutung. Die fünfte Spitze des Sterns, die sich außerhalb und jenseits des Tierkreisrads befindet, stellt die Menschheit dar, die das Universum auf einer Bewußtseinsebene kosmischen Ausmaßes betrachtet. Erwähnen wir zum Schluß, daß das Zeichen *Waage* zwischen *Skorpion* und *Jungfrau* die Ausgeglichenheit und Seelenruhe jenseits von Tod und Auferstehung andeutet.

12
Gut und Böse

Das leichte, schwankende Boot, das das Schicksal des Menschen trägt, treibt in eine Richtung, die das Fatum vorzeichnet, denn das Fatum ist ein Gesetz der Notwendigkeit, das selbst die Götter nicht übertreten können. Dieses Gesetz der Notwendigkeit bedingt die Verkettung von Ursache und Wirkung. Gute oder schlechte Handlungen, also solche, die im Sinne des kosmischen Plans oder ihm entgegenwirken, ziehen Folgen nach sich, denen man nicht entgehen kann. Der Mensch jedoch ist frei, die Segel zu setzen in einem Boot, das sein Schicksal trägt, und das Steuerruder zur Hand zu nehmen, um möglichst dem vorgeschriebenen Kurs zu folgen. Er ist frei, die Windrichtung zu prüfen und die Strömung zu erkunden, die das Gefährt vom Kurs abbringen könnte. So ist er gehalten, die vom Fatum vorgegebene Richtung in voller Kenntnis und in weiser Besonnenheit zu verfolgen – der Erforschung seines Daseinsgrundes und auch seiner vollen Verantwortung zuliebe. Der an das kosmische Rad gekettete Wahrheitssucher hat wie jeder Mensch die Fähigkeit zu fühlen, zu denken, Schlüsse zu ziehen und sich nicht zu erregen. Erregung meint nicht Feinfühligkeit. Das Erregende führt irre. Es entstammt der Furcht der Kreatur, die immer dazu neigt, sich ihrer selbst zu erbarmen. Die Feinfühligkeit dagegen ist eine Eigenschaft der Seele, ist die Fähigkeit, im Einklang mit dem Guten, dem Schönen und dem Wahren zu schwingen und im wahren Verständnis an der Bedrängnis des Nächsten teilzunehmen. Wenn der Wahrheitssucher die Welt von oben betrachtet hat, dann hat er begriffen, daß Geist und Materie zwei Aspekte einer einzigen Realität sind. Er weiß, daß ihm ein unsichtbares, raum- und schwereloses Element – seine Seele – innewohnt. Er hat verstanden, daß Seele und Körper zwei zusätzliche Aspekte eines Ganzen sind. Er hat verstanden, daß sich der sichtbare Kosmos dualistisch gestaltet und daß alles Wahrgenommene nur duch Veränderung wahrgenommen werden kann. Das Geräusch entsteht oder hört auf, die Temperatur steigt oder fällt, der Tag bricht an oder geht zur Neige. Das Veränderliche ist das Los des Menschen, aber das als wesentlich empfundene Unwandelbare ist in der Tiefe seiner unsterblichen Seele eingegraben. Ihrem Wesen nach gehören Seele und Weltseele zueinander. Die Seele stellt die Beziehung her zwischen dem Vergänglichen und dem Ewigen, zwischen der Materie und dem Geist. Der Körper als stoffliches Element behindert in seiner Dichte die geistige Strahlung der Seele. Sie klingt an an das von oben Gesäte. In diesem Anklang befruchtet der von den Alchimisten bezeichnete Allgeist die sterilen Weiten des Wissens, wenn der Mensch sich anschickt, ihn aufzufangen.

Den Aufriß der Welt betrachtend, überwindet der durch Askese geläuterte Wahrheitssucher den scheinbaren Widerspruch des dualistisch angelegten Universums. Gut und Böse, begreift er, sind zwei zusätzliche Aspekte, die auf der Daseinsebene zwar gegensätzlich erscheinen, aber überwunden werden können, um dem Rechten als Widerschein der Wahrheit den Platz einzuräumen, die jeden Gegensatz aufhebt. Durch die Magie der Umkehrung zerbröckeln seine Überzeugungen, seine Meinungen und seine Theorien. Die Künstler des Mittelalters waren sich dessen bewußt, als sie den »Gehängten« mit einem Regen von Münzen umgaben, die aus seinen Taschen fallen. Zudem kreuzt der Dargestellte die Beine in eigenartiger Weise, und dies ist kein Zufall. Das Kreuz, das seine Beine bilden, läßt an das Kreuz des Erlösers denken. Jesus wurde zwischen zwei Schächern gekreuzigt, zwei Männern, die sich ganz gegensätzlich betrugen. Man kann sich fragen, welche Lehre die Tragik dieses Geschehens verbirgt. Sind die zwei Schächer nicht Sinnbild der zwei Pole des Daseins, des Menschen, der in Angst und Qual zwischen Gut und Böse zaudert? Der zwischen den beiden Schächern gekreuzigte Jesus, der zwischen den zwei Polen des Daseins Gekreuzigte, könnte uns auffordern, das Leben jenseits jeder Dualität, jenseits von Gut und Böse zu entdecken. Gut und Böse sind Begriffe des erdbezogenen Menschen, der vergessen hat, daß er auch Herr des Himmels ist. In der Glut der Leidenschaften scheint immer das Böse zu triumphieren, aber die Menschen sind stolz auf ihre Märtyrer, die sich für den Sieg des Guten opfern. Das Böse herrscht, wenn der Mensch Genuß oder Macht sucht, um sich ihrer zum eigenen Vorteil oder zum Vorteil eines Systems, mit dem er sich identifiziert, zu bedienen. Im Spiel der Gegensätze läßt sich der Mensch vom Weg ablenken, der ihn an seinen Ursprung zurückführt. Dieser liegt im Herzen der kosmischen Harmonie, der sowohl die Feuer des Himmels als auch die Feuer der Hölle entspringen, weil sie zur Erkenntnis und zum Verständnis führen. Das ungenügend entwickelte menschliche Verständnis evoziert das Böse. Die weder gute, noch schlechte Natur sorgt für die, die sich ihr blindlings überantworten. Sie besitzt, in je eigener Art, eine entsprechende Programmgestaltung. Jedes Gift hat sein Gegengift, und das Tier, das von einem anderen gefressen wird, dient dem Evolutionsgesetz, das eine immer bessere Anpassung an die Daseinsbedingungen anstrebt. In der kosmischen Alchimie geht der vom Vogel verschlungene Schmetterling aus einer Form in eine andere über.

Der erwachten Vernunft verdankt der Mensch seine Initiative. Jedoch unzureichend erwacht, ruft sie ihn auch zum Widerstand gegen die Naturgesetze auf. So gerät er in eigener Regie in das Spannungsfeld eigener Unternehmungen und schwankt hin und her zwischen Sehnsucht und Wunsch. Dieser Zwiespalt ist die wahre Quelle des Bösen. Machtwille und Egoismus, von der Begierde geschürt, führen zu Handlungen, deren Wirkungen früher oder später als Leid empfunden werden. Und den Ursprung seiner Leiden zu erkunden, ist der Mensch berufen, damit nicht Schicksal, sondern er selbst für dieses Leiden zur Rechenschaft gezogen wird. Wird jenes Leid als drückend empfunden, sind nicht die Natur oder eine imaginäre Gottheit anzuklagen. Nicht die Natur, der Mensch erzeugt die Krankheit. Der Mißbrauch von Speise und Trank und der Mißbrauch der Geschlechtlichkeit erzeugen das physische Elend, das zudem noch künftigen Generationen weitergereicht wird. Die Begierde in all ihren Formen zieht die Angst nach sich: die Angst, etwas zu versäumen, die Angst, nicht schnell genug, nicht gründlich genug all das zu genießen, was das Dasein bietet. Das Feuer der Hölle wird diejenigen verzehren, die sich einbilden, dieser Angst durch eine Flucht nach vorn zu entkommen. Sie täten gut daran, die Worte des Weisen zu beherzigen: »Wenn du zu denen gehörst, die ihre Zeit auf Erden nicht vergeuden, bist du außer Gefahr, denn deine eigene Klarheit wird deinen Weg beleuchten.« Hierin liegt der tiefe Sinn des Lichts auf dem Weg des Eremiten, ein Licht, das ihn niemals verläßt, das er nur manchmal nicht sieht.

13
Die kosmische Lyra

Nur der innere Frieden öffnet den Weg zum Glück in der Einsicht, daß die Weltordnung in ihrer Harmonie einem Gesetz der Gerechtigkeit nachgeht, das sich im Schönen, Guten und Wahren widerspiegelt, selbst wenn die Menschen dieses Gesetz übertreten und somit der Schatten dessen, das sie das Böse nennen, die Erde verdunkelt.

Ein Arkan des Tarot ist der Gerechtigkeit gewidmet. Die mittelalterliche Darstellung dieses Arkans zeigt eine Frau, deren Kopfbedeckung das Sonnenzeichen trägt, und die in einer Hand ein Schwert, in der anderen eine Waage hält. Die Deutung könnte es bei einer Allegorie der menschlichen Gerechtigkeit belassen, doch im übertragenen Sinn läßt sich erkennen, daß das Schwert die Göttliche Gerechtigkeit meint und die Waage das Gesetz von Ursache und Wirkung oder das Gesetz des Karmas – ein Wort, das im Sanskrit die Wirkungsenergien bezeichnet, die der kosmischen Kausalität entspringen.

Der Mensch von heute möge Allegorien und Symbole nicht verwechseln. So kommt in der symbolischen Grafik des Arkans die vollkommene Ausgeglichenheit der geoffenbarten Welt und der ihr innewohnenden Harmonie zum Ausdruck.

Sonne und Mond, Swastika und Sauwastika sowie die vier Elemente stellen in ihrer dynamischen Bewegung die Harmonie des Universums dar. Das Schwert der Gerechtigkeit wandelt sich zum Zünglein einer kosmischen Waage, die auf dem Symbol des Weltgeistes ruht. In seinem Ruhezustand kommt das Zünglein der Waage unter dem Zeichen der Harmonie, dem Hauch des Lebens, der alle Gegensätze auflöst, zum Stillstand. Die Farben, die Elemente, die Bewegung der Planeten, die sieben Tage der Woche, somit die Welt in ihrer Vielfalt, sie führt den, der seine Augen und Ohren zu gebrauchen weiß, ins Herz des Arkans *Der Ausgleich.* Dieses Arkan stellt nicht nur die Dynamik der kosmischen Energien dar, es macht nicht nur die Tatsache verständlich, daß nichts verloren geht im Zuge der unendlichen, nie endenden Wandlungen, sondern es erinnert auch an die Meisterschaft, die durch die Kenntnis des diesen Wandlungen zugrundeliegenden Gesetzes erworben wird. Das Arkan *Der Ausgleich* veranschaulicht die Umkehrbarkeit aller Phänomene, ihre gegenseitige Ergänzung und ihr Ineinanderwirken. Der Hauch des Sonnengeistes, den der Mond widerspiegelt, setzt die Oberfläche der Urwasser in Bewegung. Ein Regenbogen, dessen auf- und absteigender Rhythmus das Licht in seinen schillernden Farben, Sinnbild der Weltseele, darstellt, ist Ausdruck dieser Bewegung. In der Mitte des ab- und aufsteigenden Regenbogens glänzt der siebenzackige Stern, einer kosmischen Lyra vergleichbar. Ihre Schwingung erzeugt ein Septenar, die Woche. Ein von der Sonne ausgehauchter Strahl beginnt mit dem Sonn-Tag einen Zick-Zack-Reigen. Er schwingt zunächst zum Mond, dem Mond-Tag, und wird vom Mond zum Mars-Tag gespiegelt, dem germanischen *Ziu*, der dem Dienstag seinen Namen gab. Dann wandert er zum Merkur. Der französische Name des Mittwochs, *mercredi*, bezeugt dies. Der römische Gott Merkur ist der griechische Hermes und demnach Gott der Weisheit, die des dreimal großen Thot. Der Strahl, durch Kraft und Weisheit getragen, verfolgt seinen Reigen und erreicht Jupiter, von den Germanen Donar genannt, den Donners-Tag. Gekräftigt, weise und vom Geist des großen Gottes beseelt, nimmt der Strahl die Göttin Venus zum Ziel, um, von Liebe durchdrungen, fortzufahren im Zickzack. Freitag ist der Tag der Göttin Venus; die Germanen nannten sie Freia. Saturn, Gott der dunklen Tiefen, erwartet nun den Strahl, denn das Licht leuchtet in der Finsternis, selbst wenn die Finsternis es nicht versteht. Samstag, Sabbat-Tag, Tag des Saturn, schließt den siebentägigen Reigen. Jedoch beginnt er sogleich von neuem, denn Woche um Woche verrinnen im ewigen Kreislauf der Zeit. Im Vertrauen auf seinen Stern strebt der Wahrheitssucher ihm entgegen. Er weiß, daß er das Geheimnis der Weisheit ergründen muß, das eng mit dem Einfluß der Sternenwelt verbunden ist. So versteht er die Worte Nietzsches: »Solange du den Stern nur über dir siehst, hast du nicht den Blick der Erkenntnis.« Aber um den Sinn dieser Worte voll zu begreifen, muß man sich mit der Stern-Symbolik vertraut machen, der die Menschen stets treu blieben. Es war ein Stern, der die drei Weisen zum göttlichen Kind führte und es mit seinem hellen Glanz umstrahlte. »Sich von seinem guten Stern leiten lassen« ist eine viel gebrauchte Redensart, die wie alle volkstümlichen Redewendungen eine alte Weisheit enthält. Den Polarstern findet man symbolisch als Leitstern in zahlreichen Überlieferungen, wohl, weil er, seit die Welt besteht, Nomaden und Seeleute führte. Die Jungfrau trägt manchmal ein Diadem mit zwölf Sternen, und die sieben Richi, die indischen Weisen, die ihrem Volk die Veden schenkten, thronen auf den sieben Sternen des Großen Bären. Bei der Abwicklung der initiatischen Prüfung mußte der Zugelassene sowohl in Ägypten als auch in Griechenland seine Reise zum Stern erwähnen; es war dies der Stern des Seth, einst Sothis genannt, der heutige Sirius. Er genoß in Ägypten besonderes Ansehen, denn er wurde als Mittelpunkt des Universums und als Symbol des kosmischen Geistes betrachtet. Prometheus wurde grausam bestraft, weil er den Menschen zu früh das Feuer vom Himmel brachte. Der Ausdruck, »Feuer vom Himmel« könnte metaphorisch die Kenntnis der Geheimgesetze der Natur bezeichnen, eine Kenntnis, die der Stern versinnbildlicht. Sie wurde vielleicht der nicht genügend vorbereiteten Menschheit zu früh übermittelt. Der fünfzackige Stern, den Pythagoras als Hauptsiegel des Großen Werkes ansah, stellt die Beziehung her zwischen der irdischen Welt und der Milchstraße, jenem glitzernden Diadem am Firmament, dem Symbol der letzten Stufe der Einweihung in der hyperboreischen, von den Griechen übernommenen Überlieferung. Es ist demnach nicht erstaunlich, daß der Stern auf zahlreichen Arkanen des Tarot erscheint, insbesondere auf dem Arkan *Die Sterne.* Die auf dieser Karte von den Künstlern des Mittelalters dargestellte nackte Frau kennzeichnet eine spezifisch frauliche Eigenschaft, eine plastisch schmiegsame Aufnahmefähigkeit. Der mittelalterlichen Bildkarte zufolge soll der von oben gesäte himmlische Tau – Metapher der Alchimisten für Lebenselixier – entweder die Erde befruchten, oder weitergeleitet werden, damit andere ihn empfangen können. So wird er von der nackten Frau in einem goldenen und einem silbernen Krug aufgefangen und teils der Erde, teils einem Strom übergeben. In der symbolischen Grafik ist diese Grundidee bewahrt. Der bewußte Mensch, vom Ankh-Zeichen versinnbildlicht, Zeichen des Lebens und der Einweihung, wird zum Kanal dieser Verteilung. Fügen wir hinzu, daß das Funkeln des Sterns den Wahrheitssucher einlädt, sich zu erheben, bis zu ihm hin, um zu sehen, zu verbinden, zu verstehen. So kann das Rätsel des Sterns gelöst werden, weil man in seinem Handeln dem treu bleibt, das man im wesentlichen ist. Der Stern ist die Quelle des Lichts im eigentlichen und übertragenen Sinn. Der fünfzackige Stern verbildlicht den menschlichen Mikrokosmos als Spiegel des Makrokosmos. Der sechszackige Stern verbildlicht die innige Verbindung des Geistes und der Materie. Der siebenzackige Stern versinnbildlicht die kosmische Lyra. Die Schwingung ihrer Saiten erzeugt die Sphärenmusik, den Hauch der transzendenten Harmonie, welche die geoffenbarte Welt im Ausgleich der Daseinskräfte erkennbar macht. Erwähnen wir zudem, daß Venus, Morgen- und Abendstern, die ewige Wiederkehr der Zyklen des Werdens darstellt, und daß der Polarstern das Zentrum unseres Universums versinnbildlicht als Nabel der Welt, also als Mittelpunkt, um den sich das Firmament dreht. Einige Überlieferungen sehen in ihm den Thron Gottes, und in Indien wird behauptet, daß er über dem Berg Meru stehe und seinen mythischen Gipfel erhelle. Es überrascht auch nicht, daß das Siebengestirn nahe dem Sternbild des Großen Bären, zu dem der Polarstern gehört, in der Bibel Erwähnung findet. Der römische Schriftsteller Plinius erzählt, daß sich der Seeigel, dessen Name französisch *Bärchen* bedeutet, in Gallien großer Beachtung erfreute. Das erklärt, weshalb zahlreiche Fossilien dieses Schalentiers verscharrt unter Dolmen gefunden wurden. Die dem deutschen Wort *Bär* entsprechende romanische Wurzel *our* bedeutet im Keltischen *Licht.* Die konzentrisch angeordneten Stacheln des Seeigels stellten, wie man glaubte, die Sonnenstrahlen dar. Die Sonne ist das Symbol des Geistes und im erweiterten Sinn das der Erkenntnis. Daher ist man nicht erstaunt, die Wurzel *our* im Namen *Artouros* zu finden, dem keltischen Wort für Arthur. König Artus und seine zwölf Ritter zogen aus, um den Gral zu suchen. Diese Suche aber hört nicht auf, denn sie verbildlicht das ewige Streben des Menschen, den Weg der Sterne zu beschreiten, der zur Erkenntnis führt. Um die vielfältigen Facetten der Sternsymbolik zu erfassen, sei noch einmal auf die Bedeutung des Sterns hingewiesen, der die drei Weisen nach Bethlehem führte. Zur Geburtszeit Jesu lag keine besondere astronomische Konstellation vor. Alle diesbezüglichen Untersuchungen blieben ergebnislos, aber Mythen und Legenden haben eine Bedeutung, die jede historische Tatsache hinter sich zurückläßt. Strahlt nicht die Geburt des Gottessohnes ein gleißendes Licht aus, das Licht des lebenspendenden Geistes? Die drei Weisen wurden von ihm geleitet und könnten also das keltische Wissen, die turanische Weisheit und die magischen Künste des schwarzen Kontinents versinnbildlichen. Die Weisen oder, wie man sie damals nannte, die Magier, die gekommen waren, dem göttlichen Kind ihre Opfergaben darzubringen, könnten die dreifache Überlieferung darstellen, dem Heiland zugedacht, der sie offenbaren sollte in einer Aura von Liebe und Barmherzigkeit. Ihre Gaben widersprechen dieser Anschauung nicht, denn Gold bedeutet Reinheit, die es zu erlangen gilt. Myrrhe erinnert an die Sublimierung der Materie, und der Weihrauch ist wie das Echo des Wortes Gottes.

So gibt der Stern den Menschen überall auf der Erde ein vielgestaltiges Rätsel auf: das der ewigen Wiederkehr, das der Entstehung der Welt, das vom dunklen und hellen Schicksalsweg des Menschen, Orgelpunkt einer kosmischen Symphonie. Der Wahrheitssucher muß es lösen, und er muß es verständig tun, indem er die Hinweise des Tarot richtig beachtet und die Stufen ersteigt, die zum Ende seiner Bemühungen führen. Dorthin gelangt man nur, wenn man die Prüfung des Todes besteht, der Auflösung all dessen, das sich der Bewegung des Lebens widersetzt.

14
Der Schlüssel zum Mysterium

Entschlossen, das Geheimwirken des Lebens in den Abgrundtiefen der Natur zu erforschen, weiß der Wahrheitssucher, daß er nicht jede Bangigkeit oder Furcht vor einer ungewissen Zukunft verlieren muß, sondern auch jede Spannung vermeiden sollte, die der Wunsch nach Gelingen mit sich bringt. Er weiß, daß er aufhören muß, die Frage zu stellen, die sich ein jeder früher oder später einmal stellt: Gibt es ein Weiterleben nach dem physischen Tod, und wenn ja, wie sieht es aus? Er weiß, daß er nicht der Versuchung nachgeben darf, sich das Jenseits in der Vorstellung vertrauter Begriffe auszudenken, weil sich dieses Jenseits vielleicht mit einer Dimension, die er kaum erforscht hat, nicht vereinbaren läßt. Er weiß, daß er das Problem, das der Tod birgt, ohne Vorurteile und ohne falsche Begriffe ins Auge fassen muß. Er weiß, daß der Tod ein Übergang von einem Bewußtseinszustand in einen anderen ist, und daß er sich dem geheimnisvollen Spiegel der reinen Wahrheit nähern muß, ohne seine Oberfläche durch den Hauch seiner Angst zu trüben. Wissen ist nicht gleichbedeutend mit Bewußtsein. Wissen, daß man die Schwelle des Todes in völliger Gelassenheit überschreiten soll, bedeutet nicht, daß man gelassen ist. Im Faktum, nicht gelassen zu sein, wissend, man sollte es, verbirgt sich ein Kompromiß. Man verhält sich so, als ob man eines Jenseits gewiß wäre, als ob man wüßte, daß die hier erduldeten Leiden sich nach dem Verlassen des Körpers in Seligkeit verwandeln. Wie kann man diesem Dilemma entfliehen? Dies ist eine Frage, auf die der Wahrheitssucher auf dem Wahrheitswege mit einem vertrauten Ereignis antworten könnte, der Geburt, die, dem Tode vergleichbar, jede Angst überflüssig mache.

Geburt und Tod öffnen dieselbe Pforte, die in der einen oder anderen Richtung durchschritten werden muß. Die Geburt hier mag ein Tod anderswo sein. Bei der Geburt nimmt die Seele einen Körper an, beim Tod verläßt sie ihn. So wie ein gut verbrachter Tag zu einem glücklichen

Schlaf verhilft, so führt ein erfülltes Dasein zu einem glücklichen Tod. Natürlich hat man Angst vor dem Tod, weil es sich um eine Reise handelt, die man nackt und bloß macht, mit seiner Seele als einzigem Gepäck. Dennoch ist es eine Reise, die reich an Erfahrungen ist. Alles im Dasein Verspürte beeinflußt den inneren Rhythmus der Seele und bestimmt ihre Bahn jenseits des Todes. Paradies und Hölle würden so als Eindruck eines ganz anderen Bewußtseinszustandes empfunden werden. Ihre Dynamik würde als harmonischer Einklang oder als schmerzhafter Mißklang wirken, je nachdem, ob der persönliche Rhythmus im Einklang oder Mißklang mit der Weltseele schwingt.

Das Geheimnis bleibt ungelüftet, aber das Arkan, das die Zahl XIII trägt, übermittelt in der symbolischen Grafik keinerlei Schrecken. Die Welt der Vergänglichkeit bricht auseinander. Die Sichel des Sensenmannes mäht, was verschwinden muß, aber jenseits der Formen dauert die Bewegung des Lebens an. Die vier Elemente wirbeln im Kreislauf der Zyklen, und die sich in den Schwanz beißende Schlange versinnbildlicht die Evolution, die sich in einer nie endenden Bewegung fortpflanzt. Das Arkan *Der Tod* trägt die Zahl XIII einerseits als dreizehnte Etappe des Weges, andererseits, um seine besondere Symbolik zu verbildlichen. Es waren zwölf Jünger um den Meister, und der Meister hob das Brot und den Wein und sagte: »Das ist mein Leib, das ist mein Blut. Esset und trinket, denn dieser Kelch ist der neue Bund in meinem Blute, der für euch vergossen wird.« Das Blut des Herrn ist Träger des Lebens. Das vergängliche Dasein spiegelt das ewige Leben wider.

Der Mensch, eingesperrt in seine rationale Denkweise, meint, daß selbst die Ewigkeit einen Anfang und ein Ende habe, eine Geburt und einen Tod. Er ist stolz auf seine intellektuellen Schlußfolgerungen. Aber das Gehirn ist vergänglich, und so fürchtet er den Tod. Aus Aberglaube vermeint er, die Zahl 13 sei unheilbringend. Im Altertum war der dreizehnte einer Gruppe der bedeutendste. Zeus herrscht über ein Gefolge von zwölf Göttern. Odysseus war unter seinen Gefährten der dreizehnte. Dreizehn entspricht einer Vollkommenheit, nämlich der Zehn, von der Triade offenbart, dem Ausdruck der höchsten Vernunft. Zwölf ist eine Zahl, die auf eine kosmische Ordnung deutet. Dreizehn verbildlicht einen Neubeginn, den Beginn einer neuen Ära. Dreizehn veranschaulicht die biologischen und kosmischen Zyklen. Der Mond spiegelt sie wider, denn das Jahr hat dreizehn Mondumläufe, und unser Satellit rückt täglich dreizehn Winkelgrade vor. So erhält das Arkan *Der Tod* seine volle Bedeutung. Es stellt die Schwelle dar zwischen dem, das »wird«, ohne jemals zu »sein«, und dem, das »ist«, ohne jemals zu »werden«. Der Tod ist der vergängliche Aspekt des Daseins und eröffnet eine neue Dimension des Universums. Alle Einweihungsriten fordern die Annahme des Todes, um den Zugang zum Leben zu enthüllen. Man könnte den Tod als Antienergie definieren, da er das Vergängliche auflöst, um alles Ewige zum Lichte zu polarisieren. Lebend sterben heißt, sich bewußt sein, daß Geburt und Tod zwei Etappen des ewigen Lebens sind. Um das Mysterium des Lebens zu entdecken, muß man zu sterben lernen. Doch dieses erfordert eine Globalvision der Dinge, die nur in völliger Freiheit erworben werden kann.

Die Freiheit als Ur-Prinzip ist das Wesen des Geistes. Sie entspricht einem Verständnis all dessen, das jenseits des trügerischen Scheins »ist«. Frei sein heißt, sich seinem tiefsten Bewußtsein anheimgeben; frei sein heißt auch, die geheimsten Begründungen des Unterbewußtseins und des Unbewußten erkennen. Sie bedingen das Denken, das zum Handeln führt. Im richtigen Denken verschwinden die Zweifel, die Begierden lösen sich auf, Wünsche werden vergessen. So verbildlicht das Arkan *Der Tod* das Bersten einer vergänglichen Welt, um in der Magie des Rhythmus, dem Wesen der kosmischen Bewegung, der göttlichen Alchimie Ausdruck zu verleihen. Diese Magie wandelt das Grobe ins Subtile, damit das Subtile das Grobe durchdringe. Die Zyklen folgen einander, und die hyperphysischen Elemente, Grundelemente der Welt, Wasser, Erde, Luft und Feuer, nehmen alle Formen an, um zu offenbaren, was weder Anfang noch Ende hat. Die Sichel des Sensenmannes enthüllt den Schlüssel des Mysteriums. Ihr Kreislauf eint und trennt die zwei Naturen im pulsierenden Rhythmus der Strahlungsenergien. Der Schlüssel des Mysteriums ist die Erkenntnis des Gesetzes des Rhythmus, denn sie allein ermöglicht, über alles zu herrschen und so vom Tod befreit zu sein.

Ist es denkbar, diesen Zustand des Seins zu erreichen? Gibt es eine Askese, die zur Erkenntnis führt, die diesen Zustand ermöglicht? Das Wort Askese, griechischen Ursprungs, bedeutet »Übung«. Aber im weiteren Sinne handelt es sich um ein Vorgehen, das den Menschen würdig macht, einen höheren Bewußtseinszustand zu erreichen. Die im Tarot verbildlichten Etappen auf dem Weg der Erkenntnis erfordern eine Askese, doch muß dieser Begriff richtig ausgelegt werden. Der Auslegungen selbst gibt es viele. Nur fehlt ihnen der Hinweis auf das Wesentliche: Es geht nicht darum, eine Buße auf sich zu nehmen oder sich eines erduldeten Leidens zu rühmen, sondern um die Notwendigkeit einer Öffnung zur Freiheit in der Bereitschaft, dem Augenblick immer wieder zu sterben. Dies hieße, sein psychologisches Gedächtnis aufgeben, damit kein Hindernis die Unmittelbarkeit der frisch gewonnenen Eindrücke beeinträchtigt. So gesehen ist die Askese eine Läuterung sowohl des Körpers als auch des Intellekts und der Sensibilität. Diese Läuterung erleichtert das Verständnis und entsprechend auch die Annahme des Schicksals, sogar und insbesondere dann, wenn es bedrückend ist. Ein Leiden zu akzeptieren, ist verdienstvoll. Doch die erlösende Wirkung des Schmerzes hat das Urteilsvermögen vieler Asketen verfälscht, die wissentlich, um schneller zum Ziel zu kommen, physische und moralische Leiden verstärkten. Wenn Askese nur diesen Sinn hätte, könnte man sie mit einem Vorgehen vergleichen, das stoischen Theorien entspricht und eine gewisse Selbstmeisterung auslöst. Übungen dieser Art allerdings behindern den physischen Körper und entfernen von der Möglichkeit, sich einer echten Eingebung zu öffnen, die allein den Weg zur vollen Entfaltung weist - es sei denn, Entfaltung würde mit Überschwenglichkeit verwechselt. Eine Methode oder mehrere Methoden der Askese anwenden, also längere Zeit der einen oder anderen nachgehen, führt zu einer neuen Persönlichkeit, die sich auf zwangsläufige Wiederholungen stützt, also eine Persönlichkeit, die man eher auflösen sollte. Im Gegenteil, wenn man sich einer Askese zuwendet im Bestreben, sich der Bewegung des Geistes zu überantworten, dringt man ins Herz des Problems ein. Man läßt Systeme, Theorien und Dogmen fallen und hört nur noch auf die Stimme seines innersten Gewissens. Es gibt keine Askese ohne Bewußtwerden des Seins, ohne Bewußtwerden des Sehens, das den Menschen auf dem Weg zur inneren Reife voll erfaßt. Bewußtwerden fordert Befreiung von allem, das sich dieser Reife widersetzt, also von allem, das den Lebensdynamismus behindert. Askese ist eine kontinuierliche Befreiung. Es handelt sich nicht um eine schmerzhafte Übung, sondern um einen Vorgang des Loslassens. Durch diesen Vorgang wird der Tod als eine notwendige Unterbrechung des Daseins angesehen. Ohne ihn würden sich Meinungen, falsche Vorstellungen, übertriebene Erwartungen und andere Gewohnheiten in gefährlicher Weise verhärten. Der Lebensdynamismus sprengt früher oder später alles Verknöcherte, also jeden starren Rahmen. Dieses Sprengen wird immer als schmerzhaft empfunden. Seinsbewußtsein kann nur entstehen im Auflösen des intellektuellen Irrtums, der die Erkenntnis behindert, indem er sie abschirmt. Statt den von Erkenntnis eingegebenen Gedanken zu folgen, die, wie jeder weiß, sich im Gehirn bilden, wird man von intellektuellen Begriffen verleitet. Man muß sich seines Gehirns bedienen, um das Geheiß und die Entschlüsse, denen der Körper als zuverlässiges Werkzeug nachkommt, richtig einzuschätzen.

Asket ist demnach derjenige, der das, was von oben gesät wird, in der richtigen Weise überdenkt und durch Wort, Tat oder Haltung ausdrückt. Die Gedanken entstehen in der geheimen Kammer des Kopfes und ziehen eine Reihe von Gedankenbildungen nach sich, die das richtige Handeln ermöglichen. Diese Gedankenbildungen müssen aber, sobald die Handlung, zu der sie führten, abgeschlossen ist, aufgelöst werden, um nicht abzuschirmen, was von Minute zu Minute wahrgenommen wird. Das ist der Sinn der mentalen Stille. Der Asket, der sich seiner Vernunft überläßt, seine Eingebung jedoch von oben empfängt, ist Regent des Körpers, des Raumes und des Augenblicks und lebt in ewiger Gegenwart. Der erwachte Mensch vollzieht, was seinem Schicksal entspricht, dank eines Verständnisses seiner menschlichen Berufung. Das dreizehnte Arkan ist das Arkan der Einweihung in das höchste Mysterium, das des Todes, aber auch der Auferstehung. Dies führt zum Problem der Wiedergeburt. Die Botschaft des Tarot spiegelt eine Weisheit wider, die der ägyptischen Theokratie als Grundlage diente. Sie dauerte mehrere Jahrtausende und sollte vorurteilsfrei geprüft werden, denn die Zivilisation der Pharaonen war wesentlich eine magische, also eine für den abendländischen Menschen schwer verständliche Zivilisation. Sie hat jedoch die geistige Entwicklung des Abendlandes aufs Stärkste beeinflußt und das Aufblühen des Christentums vorbereitet, das allerdings den Gedanken der Wiedergeburt, der Seelenwanderung, verwirft, obwohl Krishna, Buddha, Zarathustra und alle großen Eingeweihten vor Christus, wie auch die Essener, die Seelenwanderung annahmen. Sie alle lehrten, daß die Entwicklung des Menschen von Wiedergeburt zu Wiedergeburt fortschreite und das Gesetz von Ursache und Wirkung nur im Laufe aufeinanderfolgender Daseinsformen offenbar werde. Diese Vision mag die scheinbaren Ungerechtigkeiten des Daseins erklären, denn dann wäre die Seele unsterblich im Gewand vieltausendfacher Verkleidung. Sagte nicht Jesus: »Um in das Haus meines Vaters einzugehen, müßt ihr von neuem geboren werden.«?

Im Tarot, der Bilderfibel einer uralten Weisheit, spiegeln sich die Lehren der Pharaonen wider in der Sicht einer Entwicklung, die alle Dinge der Vollendung zuführt. Nach unzähligen Verkörperungen versinnbildlicht der Pharao diese Vollkommenheit, doch jeder Mensch sollte sie letztlich erreichen. Die beiden Kronen des Pharao symbolisierten seine geläuterten, intuitiven Fähigkeiten, die Impulse einer transzendenten Weisheit zu empfangen und sie als Quelle des Werdens auszunützen. Die weiße Krone veranschaulichte das Werden und sein Endziel, die rote Krone die Rückkehr zur Einheit. Der Eingeweihte, in der Lage, das scheinbar Getrennte zu einen, in der Lage, zu den Quellen des durch den Pharao verkörperten lebenden Wortes zurückzukehren, offenbarte also die jeglicher Beschränkung enthobene Vernunft. Um die Rückkehr zur Einheit zu verbildlichen, besprengten die Priester jedes Jahr am Fest »Sed«, dem Fest der Erneuerung, dem Fest der läuternden Askese, das Haupt des Herrschers mit Wasser aus einem goldenen und einem silbernen Gefäß. Dieser Vorgang sollte die doppelte Strahlung einfangen, die von Toth, der Mondgottheit, und von Horus, der Sonnengottheit, ausging, um sich in der Person des Königs der Könige zu vereinigen.

Der Gedanke der Seelenwanderung ergibt sich aus dem Evolutionsgesetz, das alles Bestehende der Vollkommenheit zuführen möchte, dies jedoch meist nicht in einem einzigen Dasein erreicht. Mühe, Kampf, Leiden, Haß, Liebe und Gewalt sind demnach nur die Folgen einer Wahl. Der Mensch, dessen Vernunft nicht voll erwacht ist, mag falsch wählen, und seine Handlungen ziehen Folgen nach sind, deren Opfer er in diesem oder in einem späteren Dasein selbst ist. Ein Gesetz kosmischer Gerechtigkeit zwingt jeden, früher oder später zu begreifen, daß die Leiden, die den Menschen bedrücken, die Früchte seiner eigenen Wahl sind. Nach langer Wanderung beeindruckt von allen, in vielen Verkörperungen erworbenen Erfahrungen, gewinnt sich die Seele in einem zunehmend transparenteren Körper. Die Transparenz begünstigt ihr Strahlungsvermögen, und der Mensch ist sodann fähig, die wahre Geistigkeit zu offenbaren. Körper und Seele, Stoff und Geist, zwei Pole ein und derselben Realität, drücken in ihrer Verschmelzung das Mysterium des Lebens aus, das in einer nie endenden Bewegung seine Einheit in der Vielfalt wahrt und betont. Man könnte fragen, warum der Körper, den sich die Seele schafft, nicht die Fähigkeit hat, ihre vielfachen Erfahrungen jeweils umzusetzen. Oder anders ausgedrückt, warum sind wir nicht in der Lage, uns an die vergangenen Erfahrungen zu erinnern, um die Irrtümer der Gegenwart zu vermeiden? Jeder hat in sich geheimnisvolle Tiefen, in denen die Erinnerungen einer sehr langen Wanderung schlummern. Wenn die Stunde gekommen ist, werden sie auftauchen, aber vor der Zeit, also bevor ein entsprechender Reifezustand erreicht ist, kann ihr Aufquellen große Gefahren nach sich ziehen. Leidenschaft, Haß, Fanatismus, gewaltsamer Tod, also begangenes Unrecht, werden nicht zwangsläufig getilgt durch Liebe, durch Brüderlichkeit oder durch die Selbstlosigkeit von heute oder von vordem. Groß würde die Angst sein, die sich aus einer falschen Auslegung des Gesetzes der kosmischen Gerechtigkeit ergäbe, und Vergebung, Beschwichtigung und Läuterung könnten so aufs Spiel gesetzt werden. Aber das Vergessen ist nicht vollkommen. Die Vergangenheit meldet sich in Form von Eindrücken oder als Sympathie, Antiphatie und blitzartige Intuition. Ideen kommen plötzlich zum Bewußtsein, ohne daß man weiß, wie und warum. Der Schleier, mit dem die barmherzigen Götter die vergangenen Daseinsformen verhüllen, ist eine Wohltat, denn die Kenntnis vergangener Handlungen und ihre wirklichen oder eingebildeten Folgen würden Angst und Bangen erzeugen. In der Unkenntnis der Gesetze während der Zeit zwischen Tod und Wiedergeburt, der Möglichkeit einer heilsamen Läuterung, würde der Mensch nichtige Vermutungen anstellen. Darum ist es nicht weise, wissen zu wollen, was man nicht verstehen kann. Wenn man Hellseher, Medien, Hypnotiseure befragt, kann man leicht irregeführt werden, oder aber man gerät in eine nicht zu unterschätzende Gefahr. Sogenannte Eingeweihte legen oft, ohne es zu wissen, unterbewußte Gedanken derer, die sie befragen, aus. Dank ihrer Wahrnehmungsfähigkeiten spiegeln sie ihre verdrängten Ängste, uneingestandenen Wünsche oder nie geäußerten Sehnsüchte wider. Ängste, Wünsche und Sehnsüchte stärken die Einbildung und führen zu Trugschlüssen. Selbstverständlich gab es zu allen Zeiten Menschen, die durch ihre innere Reife oder durch besondere psychische Fähigkeiten die Erinnerung an ihre vergangenen Existenzen bewahrt hatten. Erstere werden, der Bedeutung bewußt, nur nach reiflicher Überlegung darüber sprechen, und letztere werden vielleicht oftmals vor der Pubertät Erinnerungen erwähnen, die in zahlreichen Fällen von Tatsachen bestätigt werden. Das Arkan *Der Tod* ist ein hohes Arkan unter den großen Arkanen. Das Wort Arkan ist, wie bereits erwähnt, dem Wort Mysterium synonym.

Wir haben einen Zipfel des Schleiers gelüftet, der eine Schwelle verhüllt, deren Überschreitung jedem Menschen unausweichlich bevorsteht.

15
Die Suche nach dem Meister

Hat der Wahrheitssucher die Etappe des Todes hinter sich gelassen, ist sein Glaube stark genug, ihn erkennend zu leiten und nicht nur nachvollziehend zu tun, was die Lehre des Meisters an Ratschlägen enthielt.

Das Wort »Meister« mag irreführend sein, und häufig genug wird es falsch verstanden. Man möchte einen Meister treffen, wenn auf dem Weg der inneren Reife eine Form der Führung notwendig wird, um sicherer und schneller vorwärts zu kommen. Man möchte, aus Furcht, das Wesentliche zu versäumen, eingeweiht werden in die Dinge des Lebens. Mit einem Wort, man benötigt Bestätigung.

Es ist jedoch wichtig zu begreifen, daß der Meister Einweihung nicht übermittelt. Er öffnet dem Schüler einen Weg, und in der Gegenwart des Meisters wird sich der Schüler der Möglichkeit bewußt, bis zur Vollkommenheit vorzudringen. Wohlverstanden, es ist der Schüler, der den Meister wählt. Er wird erkannt – dank seiner Strahlung, dank seiner eigenen Weise, gegenwärtig zu sein, dank seiner geistigen Verbundenheit, die man nicht erklären kann.

Der Meister hat jede Wirrnis überwunden; durch seine Worte und seine Handlungen übermittelt er das Wesentliche seiner Erfahrungen. Er ist Diener der Menschheit aus Mitgefühl und hilft dem Schüler, seine Hingabefähigkeit, seine innere Stille und sein Unterscheidungsvermögen zu entwickeln. Dieses Entwicklungs- und Bewegungsablaufs muß sich der Schüler bewußt sein. Der Meister hat die Etappen des Weges zur Erleuchtung durchschritten, doch aus freier Wahl entschließt er sich zur Fortsetzung seines Erdenweges, um denen zu helfen, die sich an ihn wenden. Kein besonderes Zeichen unterscheidet ihn von anderen. Er kleidet sich nach der Sitte des Landes und spricht seine Sprache. Sobald der Schüler seine Strahlung wahrnimmt, ihn erkennt, seine weisen Ratschläge annimmt, seine Gedankenwelt erfaßt, ist er jedem Zweifel, jeder Zurückhaltung, enthoben. Dann ist die Verbindung zwischen Schüler und Meister durchgängig, denn es ist eine Verbindung der Liebe von ganz besonderer Beschaffenheit. Das Vertrauen des Schülers ist ungebrochen, denn nicht Einbildung, sondern die klarste Erkenntnis wahrer Autorität prägte seine Haltung. Sie schließt den Irrtum, ob freiwillig oder unfreiwillig, aus. Er liegt jedoch vor, wenn sich der Schüler nur oberflächlich, hochzufrieden über ein schnelles Gelingen, seiner Entscheidung vergewissert. Er meidet Kritik und Erkenntnis der wahren Gründe seiner Wahl; er möchte ungefährdet bleiben. Oder aber sein mangelndes Unterscheidungsvermögen läßt ihn irren. Auf dem initiatischen Weg jedoch ist diese Fähigkeit unerläßlich. Fehlendes Unterscheidungsvermögen deutet auf Mangel an Reife und Bereitschaft, falsche Vorstellungen und Begriffe aufzugeben.

Jegliche Einbildung entspringt einer inneren Unruhe, derer man sich oft nicht bewußt ist. So ist, den Tod annehmen, eigentlich dem Entschluß gleichbedeutend, sich von allem zu lösen, das die mentale Welt versperrt. Falsche Begriffe, an die man sich klammert, können so nicht entstehen. Wachsamkeit und klare Sicht sind unentbehrlich, um den Fallstricken der Illusion zu entgehen. Wachsamkeit und klare Sicht bedingen rechtes Denken. Und rechtes Denken wiederum bestimmt das Handeln.

Der Mensch ist das, was er denkt – sagt die Bibel. Doch der moderne Mensch vergißt dies und unterschätzt die schöpferische und auch die zerstörerische Kraft des Gedankens. Ein traurig gestimmter Gedanke schwingt im Einklang mit anderen traurig gestimmten Gedanken und kann Neurosen hervorrufen; ein Gedanke, der Angst auslöst, zieht Angstgedanken an, und da das Gehirn ein Empfangsorgan ist, verallgemeinert sich die Angst, ohne daß man ahnt, warum, oder das kennt, das man fürchtet.

Der Meister hingegen weiß um diese Zusammenhänge und wird versuchen, sie seinem Schüler begreiflich zu machen. Er weiß, daß die innere Reife an ein Wirken gebunden ist, das dem rechten Denken entspricht. Dieses Denken wiederum folgt der Eingebung, solange es nicht vom Wünschen und dem Streben nach einem Resultat verfälscht wird. Er weiß, daß derjenige, der so wirkt, sich seiner Berufung und seiner Verantwortung bewußt ist und beides vorbehaltlos annimmt.

Das Arkan *Der Papst* entspricht der Beschreibung des Meisters oder des Guru, wie die Inder sagen. Symbolische Grafik wie mittelalterliche Darstellung sind in ihrem Gehalt durchsichtig. Gelassen weist der Meister, der den Erdenweg vollends durchschritten hat, dem, der Symbole zu deuten versteht, den Weg. Die Stufen sind vorhanden. Den Mut zu haben, sie hinaufzuschreiten, setzt jedoch einen Akt persönlicher

Freiheit voraus. Dabei kann Meditation, in der es um einen Zustand innerer Ruhe geht, äußerst hilfreich sein. In diesem Sinn verstandene Meditation ist ein Inne-sein. Man zieht sich in sich selbst zurück, ohne in die Einsamkeit flüchten zu müssen. Das Inne-sein weckt die Fähigkeiten, die selbst in einer ruhelosen Umgebung zu einer tiefen Ruhe verhelfen. Ohne sie umfängt nur die Unruhe der Umwelt, und die Ursachen, die sie erzeugen, blieben unbekannt und unerkannt damit auch die Möglichkeiten ihrer Beseitigung.

Die Stufen ersteigen, die zur Begegnung mit dem Meister führen, heißt, sich über jeden Streit, über jede Gegensätzlichkeit, über jeden Kampf hinwegzusetzen, um ruhig und innerlich still zu sein, selbst beim Sprechen. Man sollte nicht teilnehmen am Kampf, an der Unruhe, an der Jagd nach Erfolg in einer Welt, in der Verwirrung herrscht.

Der Mensch, der seine menschliche Berufung akzeptiert, der seine Weltsicht erweitert, der sich bewußt wird, daß der Stoff durch Geist zu meistern ist, und der weiß, daß innere Reife die Meisterung der Gedanken, der Worte und Handlungen einschließt – dieser Mensch wird nicht nur den Meister erkennen, sondern auch von ihm, der ihm zu helfen wünscht, mit offenen Armen empfangen werden.

Innere Stille zu üben, um die Probleme, die Ängste, die Befürchtungen, die Hoffnungen und die Gefühle der Mitmenschen wahrzunehmen, ist eine schwere Aufgabe. Meditieren im Innesein, sich sozusagen teilen, um sich zu weiten, und sich gleichwohl nicht fortzubewegen, um sein Gegenüber zu verstehen – sei es ein einziger Mensch, seien es mehrere Menschen oder ein Gegenstand –, vermag nicht jeder.

Dem Meister sind die Gesetze der geoffenbarten Welt geläufig, denn er bestand im Laufe seiner Entwicklung die ihm bestimmten Prüfungen. Er ist sich dessen bewußt, daß sie wie ein Gitterwerk ineinander verwoben sind. Er wird seinen Schüler einweihen und ihm den Weg zur Meisterschaft des »Triumphwagens«, seines Schicksals also, erleichtern. So eingeweiht, begreift der Schüler, daß das initiatische Gesetz der Großen Bruderschaft, die alle auf dem Weg der inneren Reife befindlichen Menschen eint, ihm verbietet, sich zu brüsten. Er begreift, daß eine erweiterte Vision der Dinge des Lebens die Umrisse einer neuen Zivilisation erkennbar macht, die den Menschen in konzentrischen Zyklen einer Welt entgegenführt, in der die einzige wahre Brüderlichkeit herrscht, gestützt auf die Liebe, die dem Verständnis der Gesetze des Lebens entspringt.

Eingeweiht wird der Schüler niemals auf irgendeine Weise seinen Einfluß auf Menschen, die sich durch vielleicht falsch ausgelegte Aussagen angezogen fühlen, für sich ausnutzen, es sei denn, in ihrem eigenen Sinne und nur, um ihr Vertrauen in die eigene Einsicht zu stärken. Er wird sich nie gewisser Kräfte oder Fähigkeiten rühmen, wissend, daß Zurückhaltung notwendig ist, um dem Nächsten zu dienen. Er erkennt zudem, daß er seinen Körper rein halten muß, um ihn jener Befreiung zuzuführen, die aus der Liebe und der Bereitschaft entsteht, sich mit der Umwelt zu einen. Eingeweiht verzichtet der Schüler auf eigengesetzliche Bindungen, nicht aus Mangel an Liebe, sondern im Gegenteil aus einem Verständnis heraus, daß dies die ganze Menschheit und nicht nur einen Teil von ihr einbezieht. Besondere innere Zusammenhänge äußern sich nicht in persönlichen Beziehungen, sondern im Sinne einer Brüderlichkeit, die einer gemeinsamen Suche, einem gemeinsamen geistigen Interesse, kurz einem geteilten Sehnen entspricht. Der Eingeweihte ist in seiner Bereitschaft frei. Der Wahrheit treu, schreitet er in innerer Ruhe auf dem zur Meisterschaft führenden Weg fort und gewahrt alle jene Beziehungen, die alles mit allem einen.

Dienen entspricht einem Seinszustand im Sinne des Gesetzes und führt zu einer Sicht, die in eigener Weise ausdrückt, was dem Verständnis entspricht. Dienend wetteifert der Eingeweihte nicht mit anderen Dienenden, und er fühlt sich nur dann berufen zu wirken, wenn er sich seiner Berufung gewiß ist. Da er seine Fähigkeiten geweckt hat, erkennt er den kosmischen Evolutionsplan und kann nun auch die Fragen derer beantworten, die in ihrer Unschlüssigkeit dazu neigen, einen falschen Weg einzuschlagen, doch beantwortet er ihre Fragen, ohne das Geheimnis seiner Einweihung preiszugeben. Er darf es nicht; sein Einfluß bliebe künstlich - durch die Mitteilung unnachvollziehbarer Erfahrungen im einen und die Verselbständigung seiner Antworten im andern Fall. In die Irre führte beides. Neugierde, Faszination des Wunderbaren, der Nimbus des Ungewöhnlichen - ihre Wirkung ist nicht zu unterschätzen. Vor ihnen gefeit, wird der Eingeweihte den durch die Himmels-Muschel verstärkten Ruf vernehmen, der ihn auffordert, sich auf die letzte Prüfung vorzubereiten. Der Ruf ertönt in seinem Tiefinnersten, und er ist bereit, sich gelassen dem Letzten Gericht zu stellen, dessen entscheidende Bedeutung er versteht. Dies ist die gnostische Auslegung des Arkans *Das Gericht.* Das Ende der Rundfahrt ist nahe. Der Eingeweihte, vom Odem der Erlösung getragen, läßt die letzten Flitter der Kreatur fallen, deren Hüllen er eine nach der anderen abstreifte. Als Belohnung winkt die Auferstehung, nicht die des vergänglichen Körpers, sondern die des erhabenen. Die letzte Etappe des Großen alchimistischen Werkes ist vollzogen. Der Übergang vom physischen Körper zum erhabenen ermöglicht dem Menschen, sich in die Regionen, in denen die Unsterblichen hausen, zu offenbaren: Shangri-La, Hurgale, Pong-Lai, die Smaragdstadt und andere.

Zugelassen zum Herzen des Mysteriums, entdeckt der Eingeweihte die unwandelbaren Wahrheiten. Die Göttliche Geliebte, Verwahrerin der schöpferischen, Form verleihenden Kraft, die Große Göttin aller Tradtionen, enthüllt ihm das Geheimnis der Weiblichkeit in ihrer tiefsten Verwirklichung. Sie schmückt ihn mit dem Symbol des Weltgeistes, das die Kraft der Seele versinnbildlicht, die allein die rechte Handlung einleitet, denn sie entspringt dem Verstehen, das Liebe zeugt. Wenn der Eingeweihte das Labyrinth der Daseinsformen durchwandert hat, wird er das Göttliche als Licht erkunden, das keiner Form bedarf. Demütig und still wird er in das Licht sinken, um andächtig am Großen Werk mitzuwirken, des Gesetzes inne, das den Tod der Formen vorsieht, um die Strahlung des Lebens zu offenbaren. – Er ist erleuchtet, Magier und Meister, also Magister. Er berührt die Erde nur mit der Spitze seines Schwertes, mit dem Geist. Sein Stab hat sich zum alchimistischen Zepter gewandelt, sein Kelch zum magischen Behälter, in dem Mond und Sonnenstrahl in ihrer Verschmelzung den Trunk der Unsterblichkeit destillieren. Die Münze verwandelt sich in eine Lichtaura, die sein Verständnis krönt. Ein Diener ist erstanden.

Nichts unterscheidet nun den Meister vom gewöhnlichen Menschen, nichts außer seiner Strahlung, die derjenige wahrnimmt, der gelernt hat, zu sehen und zu hören.

Dies ist die Botschaft der hermetischen Gnosis, die der Tarot übermittelt. Der »Gaukler« hat sie verstanden, er ist »Magier« geworden, Meister des Stabes, des Schwertes, des Kelches und der Münze, in einem Wort: Magister.

II

Die Symbolik der Farben

Schwarz und Weiß sind im eigentlichen Sinn keine Farben. Gleichwohl versinnbildlicht das Weiß als Synthese der sieben Farben des Regenbogens ganz allgemein Reinheit und Unverletzlichkeit, während das im Tarot nicht übliche Schwarz das Ungeschaffene, die schöpferische Wirkungskraft veranschaulicht. Gold ist das Symbol der Vollkommenheit, Kennzeichen des Feuers und der Sonne, also des Göttlichen, da die Sonne in Ägypten, dem Ursprungsland des Tarot, den kosmischen Geist offenbarte. Das Wesen des Pharao war golden, er trug den Widerschein des himmlischen Lichts, er war das männliche aktive Prinzip. Im übertragenen Sinn versinnbildlichte die Farbe Gold das Licht als Symbol der Erkenntnis, der Liebe, der Hingabe und der Strahlung.

Silber hingegen kennzeichnete das Mondmetall. Die Symbolik verbindet das Silber mit dem weiblichen Prinzip der Empfänglichkeit und der Formbarkeit. Dem ägyptischen Mythos zufolge war das Gerippe der Götter aus Silber und verbildlichte so das Gesetz, dem sie unterworfen waren. Silber ist auch das Sinnbild reinigenden Wassers und des Spiegels, der das Licht und die göttliche Weisheit widerspiegelt. Übertragen ist Silber das Symbol der Bildsamkeit, der Intuition, der Eingebung und der Einbildungskraft.

Rot ist die Farbe des Feuers und des Blutes. Es bedeutet vitale Energie, ihre Dynamik, ihren Pulsschlag und ihre Kraft. Rot berührt das Wesen des Mysteriums Leben, und es steht so in Verbindung mit dem Stein der Weisen, jenem Stein, der das Zeichen der Sonne trägt, das des Feuers und des Geistes. Um sich nicht als Machtwille zu äußern, muß das Rot gemeistert werden durch geistiges Sehnen, das einem hohen Bewußtseinszustand entspringt.

Hellblau vertritt den Urstoff, den Ur-Odem, das große ätherische Meer. Es ist die Farbe der Wahrheit, des Morgenhimmels, der stillen Wasser, die den Himmel widerspiegeln, und stellt die besonders kennzeichnenden weiblichen Eigenschaften dar, wie das Mitgefühl, die erhabene Würde, die gewinnende Anmut und die Fähigkeit, in das Mysterium einzudringen.

Nachtblau ist die tiefste der Farben. Es verbildlicht das Mysterium, das Geheimnisvolle und, im übertragenen Sinn, das Jenseits des Spiegels, also die okkulte Welt. Es deutet das Überirdische und das Feierlich-Gewichtige an, manchmal auch den Tod. Nachtblau ist die Farbe der transzendenten Weisheit und der Leere, die im Verständnis des Mysteriums als Fülle empfunden wird.

Hellgrün ist die Farbe für den Rhythmus der Natur, auch der Hoffnung, weil es die zyklische Erneuerung nachzeichnet. Manchmal färbt sich bei Sonnenuntergang der Himmel grün, wie zum Zeichen der ewigen Wiederkehr. Grün als Farbe der Vegetation ist mit dem Erwachen des Lebens verbunden. Es ist ein grüner Strahl, sagen die Alchimisten, der das Blut des Grünen Löwen mit Segmeth, der löwenköpfigen Göttin des Lebens und des Todes, verbindet, also mit dem Himmlischen Sphinx. Er ist das Symbol des kosmischen Mysteriums; das Sternbild des Löwen ist sein Sinnbild. Für den Islam ist Grün das Sinnbild des Heils. Grün ist die Jugend, und grün sind die Auen des Paradieses. Osiris, dem die grüne Farbe zugeordnet war, wurde von seinem Bruder Seth zerstückelt, doch dank der Magie des Toth von Isis, der Göttin, der das Rot galt, wieder zum Leben erweckt. Grün und Rot spiegeln die Dynamik des Lebens in allen seinen Ausdrucksformen wider; sie sind zusätzliche Farben. Grün ist der Smaragd, den die Engel auffingen, als Luzifer ihn, sich in die Tiefe stürzend, verlor. Sie schliffen ihn zu einem Kelch mit 144 Facetten, den Kelch des Grals. Grün ist auch die Smaragdtafel, auf der die Priester die sibyllinischen Worte des Hermes Trismegistos, des dreimaligen Meisters, einkerbten.

Dunkelgrün ist die Farbe, die den animalischen und impulsiven Drang kennzeichnet. Dunkelgrün ruft das tiefste Geheimnis der Geheimnisse, das Lebensprinzip, wach, das sich in den vielfältigen Instinkten äußert, die die Kreatur benötigt, um im Wechsel der Zeiten fortzuschreiten. Dunkelgrün verbildlicht die tiefen Wasser des Unterbewußten und alles, was dort verdrängt schlummert, solange es nicht erkannt wird.

Gelb ist eine glühende Farbe. Es stellt die Macht des Jenseits dar und verbildlicht Tod und Auferstehung. In Verbindung mit Himmelblau ist es ein Sinnbild der Ewigkeit im Wechsel der Zyklen aus Tod und Wiedergeburt. Gelb ist die Farbe der reifen Ähren, aber auch die Farbe der Erde, wenn sie ihr grünes Kleid verloren hat. Gelb kündet also gleichfalls den Verfall an, dem die Erneuerung folgt. Göttlich ist es durch seinen Glanz, irdisch durch die Verkündung des Vergänglichen; so ist es die Farbe der rationalen Vernunft, die, gebührend entwickelt, einstimmt auf das, was intuitiv empfunden wird, bevor man es erdenkt.

Violett ist eine an der Schwelle des Sichtbaren schwingende Farbe, die letzte, dem physischen Auge zugängliche. Läuternd begünstigt Violett die Konzentration und die Meditation. Es ist die Farbe des Heiligen, der Andacht und des mystischen Rituals, aber auch der klaren Sicht und der wohlüberlegten Handlung. Es versinnbildlicht das Streben nach Wahrheit und das Bedürfnis, sich in ihr und durch sie zu bestätigen.

Purpur enthält zum einen Teil Rot und zum andern Teil Blau. Es versinnbildlicht Liebe und Weisheit. Es stellt die Sublimierung der beiden Pole dar, des Yin und des Yang, des Männlichen und des Weiblichen, und infolgedessen die Erhebung zum Geist. Als Farbe des Überirdischen ist es Sinnbild für das Geheimnis des Lebens, das in den Tiefen der Urwasser verborgen liegt, und auch die Macht, die der Erkenntnis entstammt.

Malve kann dem hellen Violett gleichgesetzt werden. Weniger intensiv als Violett versinnbildlicht diese Farbe die Sehnsucht nach innerer Verwirklichung und deutet die ersten Schritte auf dem Weg an, der zum Verständnis der Dinge des Lebens führt.

Orange versinnbildlicht den Ausgleich von Vernunft und Instinkt, also einen harmonisch ausgeglichenen Intellekt, der fähig ist, intuitive und eingegebene Sinnesimpulse harmonisch auszudrücken. Orange ruft die Möglichkeit wach, Instinkte in schöpferische Kräfte, die auf anderen Ebenen zur Geltung kommen, umzuwandeln.

Zum Schluß seien die Farbverbindungen und ihre Bedeutungen erwähnt: Gold in Verbindung mit Nachtblau stellt die transzendente Kraft dar. Gold mit Rot die Liebe als Schöpferkraft und das Bewußtsein als Lebenskraft. Gold mit Gelb die schöpferische Vernunft, Malvenfarbe mit Nachtblau den Glauben und die Hingabe an die Transzendenz, Silber mit Gold die kosmische Weisheit, Malve mit Opalfarbe die Hoffnung, Violett mit Gold das Sehnen nach Vollkommenheit und Gold mit Himmelblau die transzendente schöpferische Willenskraft.

III

Die geheime Botschaft der Arkane und der Schlüssel zu ihren Symbolen

1
Die Welt

Das »Leben« pulsiert in den Abgrundtiefen der Natur, und alles »Bestehende« offenbart es: Die »Welt« öffnet sich dem Bewußtsein des Menschen und lädt ihn ein, den äußeren Schein zu überschreiten, um eine wesentliche Realität zu erfassen, die der Schein verhüllt. »Die Welt«, sagt Paulus, »ist der geheimnisvolle Spiegel der reinen Wahrheit.«

Alles Bestehende spiegelt eine Facette dieser Wahrheit wider, die der Mensch zu entdecken berufen ist, indem er das Reich, dessen Regent er ist, betreut und verschönert. Von seinen Leidenschaften getrieben, von seinen Wünschen verblendet, regiert er es schlecht und verschönert es nur selten, dessen unkundig, daß jedem Ding in der Weltordnung sein Platz zukommt, und daß dieser Platz gewissenhaft berücksichtigt werden muß, damit leblose und lebende Dinge sich entfalten können. Die Entfaltung ist das oberste Ziel des Großen Werkes der Natur, dessen Athanor die Welt ist, alchimistischer Schmelzofen der Wandlungen, die der Evolution ermöglichen, alles Bestehende der Vollkommenheit zuzuführen. So zeichnet sich der Sinn des menschlichen Erdenweges ab. Im Laufe seiner vielfältigen Erfahrungen muß der Mensch lernen, die Quintessenz, die sie enthalten, zu destillieren. Dann wird er sich bewußt, daß seine Bestimmung ihn auffordert, am Großen Werk teilzunehmen. In diesem Bewußtsein versteht er, daß der Gesang der Vögel, das Murmeln der Quelle, das Grollen des Donners, die Mutterliebe, das bittere Leid, die Plagen des Alltags und der schmerzhafte Verlust die Seele hinanziehen, die nur dann zu ihrem Ursprung zurückkehren kann, wenn dieses Verständnis die Gitter seines Gefängnisses beseitigt hat. Sie sind beseitigt, wenn Liebe, die Tochter der Weisheit und allmächtiges Lösemittel all dessen, das die Rückkehr zum Ursprung versperrt, triumphiert. Das fundamentale Verständnis öffnet weit die enge Pforte, die zum Reich Gottes und seiner Gerechtigkeit führt. Es wird offenbar durch eine der Sinnenwelt innewohnende Logik, da sie der Ausdruck eines Fortschrittsgesetzes ist, das, verbunden mit dem Gesetz von Ursache und Wirkung, alles und jedes betrifft. Die »Welt« ist also die Plattform eines kosmischen Abenteuers. Durch die Erforschung der sichtbaren Welt, des Firmaments und der Welt der Götter ist der Mensch in der Lage, den ganzen Weg zurückzulegen, der vom Ursprung zum Ende führt. In der symbolischen Grafik des Arkans *Die Welt* wird der Ursprung durch das Nachtblau der Urwasser dargestellt, die die goldene Sonne des kosmischen Geistes umglüht.

Das Mysterium nimmt Form an, der kosmische Sphinx (siehe Kap. I,5), der als Sternbild des Löwen im »Nadir« erscheint, bezeugt es. Er ist das symbolische Herz des Himmelsgewölbes und kennzeichnet die Frage des Menschen nach dem Rätsel, das er in seinem Wesen ist. Violett ist die Farbe des Heiligen; violett ist der Falke, der da, wo die Sonne untergeht, erscheint. Er kann im Aufflug der Sonne ins Antlitz sehen und verbildlicht so die unwiderstehliche Kraft des lebenspendenden Geistes. Er bezeugt das Abrollen des »Wortes«, das der Ouroboros, die Schlange, die sich in den Schwanz beißt, verbildlicht. Sie umfaßt eine hellblaue Scheibe, was besagt, daß alles Bestehende der Urmaterie entspringt, und daß dementsprechend jedes Ding zu allen anderen hinführt, wenn man den Faden entdeckt, der die Verbindung herstellt.

Im Zenith erscheint das Tierkreiszeichen des Stiers. Rot ist die Farbe der lodernden Kraft des Lebensdynamismus. Die Hörner des Stiers öffnen sich dem Licht, bereit, den himmlischen Tau aufzufangen. Sein Same wird die Erde befruchten, und so bilden seine Hörner das Füllhorn.

Am Sonnenaufgang steht das Kreuz des Lebens, das Ankh. Purpur ist die Farbe des Königtums, der unermeßlichen Wahrheit, die es kennzeichnet. Die drei Kreise mit dem Viereck in ihrer Mitte versinnbildlichen das Strahlen der schöpferischen Kräfte auf den verschiedenen Ebenen ihres Wirkens. Violett erstrahlen die chtonischen irdischen Kräfte, die nach Vergeistigung trachten. Nachtblau ist das Geheimnis der okkulten Welt, das Firmament widerspiegelnd. Azurblau kennzeichnet den Hauch des Himmels, der Hauch, der die Urwasser bewegt. Analog deuten die drei Kreise auf Erde, Firmament und Himmel. Das Viereck verbildlicht die Welt der Begrenzungen, also die raum-zeitliche Welt. Durch seine Farben werden die vier grundlegenden Elemente der Materie angedeutet, gelb die Erde, rot das Feuer, grün das Wasser und blau die Luft. Die Lithosphäre, die Biosphäre, die Hydrosphäre und die Atmosphäre unseres Universums bestätigen die zeitlose Weisheit. Das die drei Kreise durchquerende Dreieck versinnbildlicht das Gesetz des Fortschritts, Ausdruck der kosmischen Weisheit, die sich auf allen Ebenen offenbart.

In der Wahrsagekunst hat dieses Arkan zwei gegensätzliche Aspekte. Es verheißt Erfolg aufgrund besonders günstiger Umstände, oder Mißerfolg im Falle anscheinend unüberwindlicher wirtschaftlicher Gründe. Es stellt gleichfalls das Gelingen intellektueller oder geistiger Bemühungen in Aussicht, aber auch die Minderung physischer oder geistiger Fähigkeiten als Folge von Genußsucht.

2
Der Mond

Der Mond ist ohne Eigenlicht. Er spiegelt das Sonnenlicht nur wider. Auf diese Weise versinnbildlicht er Empfänglichkeit schlechthin, eine weibliche Eigenschaft, die durch die Phasen aus regelmäßiger Wiederkehr und Erneuerung noch unterstrichen wird. Doch die biologischen Rhythmen sind in noch umfassendere Naturrhythmen eingebunden, in die des Werdens, der Geburt und des Todes. Zunehmend, abnehmend und wieder verschwindend, zeichnet sie der Mond nach. Als Spiegel des Sonnenlichts, als Gestirn der dunklen Nacht, die unendliche Tiefe verbildlichend, antwortet seine silberne Scheibe auf das Sehnen der Seele und weckt den Traum und das Unbewußte. Sie sind das Sammelbecken magischer Kräfte und die Wellenbewegungen der Instinkte, der Leidenschaften und der Intuition ihrer Äußerungsformen. Die Verdrängung der einen oder anderen löst eine Störung aus, die sich bis zur Neurose verfestigen kann. Deshalb sollte man aus Gründen psychologischer und existentieller Gerechtigkeit nie aufhören, dem innersten Grund in den Tiefen der eigenen Natur nachzuspüren. Dunkelheit sollte sich zur Helle aufschließen und Seele den Intellekt einholen. Um als Alchimist zu sprechen, vollzieht sich so die Geschwisterehe zwischen Selene, der weißen Königin der Tiefen, und ihrem Bruder Apollo, dem Sonnengott, dem Herrn der siebenten Pforte. Diese Ehe gewährt den Zutritt zum Mysterium des Universums. Nur die Einigung der zwei Naturen öffnet dem Menschen den Weg zu dem, das sich hinter dem Spiel der Erscheinungen verbirgt, hinter dem verführenden Blendwerk der Konzepte, Dogmen und Systeme.

Eine tiefe Wandlung der Werte gibt dem Menschen, der wagte, den Unterschlupf zu verlassen, jenen Zufluchtsort der Kreatur, die sich an tote Dinge der Vergangenheit klammert oder instinktiv in den stagnierenden Pfuhl der Gewohnheiten flüchtet, die Fähigkeit, das Denken zu meistern und ihm nicht unterlegen zu sein. Die Einweihung in die Dinge des

Lebens fordert den Wechsel vom Wissen zur Erkenntnis. Die Einweihung in die Dinge des Lebens begünstigt die Entfaltung der Vernunft und somit die harmonische Entwicklung des gesamten Menschen. Die harmonische Entwicklung führt zur inneren Ausgeglichenheit, also zur vernünftigen Handlung, frei von jeglicher Reaktion. Sie ist nur jenem zugänglich, der seine Leidenschaften meisterte und seinen Intellekt bezwang. Vielleicht wollten die Künstler des Mittelalters den unerläßlichen Einfluß der Vernunft auf alles, was sie verschleiert, übermitteln, indem sie die Leidenschaft und den Intellekt durch einen den Mond anbellenden weißen und schwarzen Hund darstellten. Vielleicht stellten sie aus demselben Grund die menschliche Kreatur als einen Krebs dar, ein Tier, das sich rückwärts bewegt und das sich auf engstem Raum wohlfühlt. Die symbolische Grafik stellt den Intellekt als orangefarbenen und die Leidenschaft als dunkelgrünen Schirm dar. Die Kreatur und ihre Instinkte, die durch die rote Farbe gekennzeichnet sind, stützen sich fest auf das dunkelgrüne Rechteck, das die irdischen Kräfte repräsentiert. Die Kreatur sucht Zuflucht unter der nachtblauen, vom Mysterium des Universums gebildeten Wölbung, einem Universum, das sie sich zu erforschen weigert. Unter der Wölbung eingeschlossen, fürchtet sie die Energien, die aus dem Innern quellen. Ein Pfeil mit abgestumpfter Spitze stellt sie dar. Die Spitze ist violett, denn Violett ist die Farbe der Anziehungskraft des Heiligen, zu dem, von der silbernen Mondscheibe versinnbildlicht, eine Treppe führt. Von gelber Farbe – der des Aufstiegs –, deutet sie die ewige Wiederkehr an, die zur Erhebung verhilft. Die Mondscheibe spiegelt das Licht des Sonnenrads wider, zurückgestrahlt durch auf- und niedersteigende Phasen des Mondes, zu dessen Licht Pfeil und Treppe streben. Diese Strahlung wird durch das Dreieck dargestellt, dessen Spitze sich in der Scheibe des vollen Mondes verliert.

In der Wahrsagekunst deutet das Arkan des Mondes auf eine Neigung zur Träumerei und zu einer passiven Haltung, die einer ungestillten Sehnsucht entspricht. Sie kann ruckartig zur Suche nach der Wahrheit führen und demzufolge zu einem abenteuerlichen Leben. Sie kann allerdings auch in Fatalismus umschlagen, der eine Neigung zu irreführenden Theorien schafft oder eine krankhafte Phantasie begünstigt.

3
Der Eremit

Es liegt nahe anzunehmen, daß der Gleichlaut der Worte *Eremit* und *Hermit* – in der okkulten Auslegung einen Anhänger der »hermetischen« Gnosis bezeichnend – diesem Arkan zu seinem Namen verhalf. Auf den mittelalterlichen Karten ist der Eremit als Greis dargestellt, der sich, auf einen Pilgerstab gestützt und mit einer Laterne versehen, auf Wanderschaft befindet. Er verbirgt das Licht der Laterne unter dem Zipfel seines Umhangs, während ihm eine Schlange vorauszueilen scheint. Der Pilgerstab gehört zur weit verbreiteten Symbolik des Stabes überhaupt, die an anderer Stelle (Kap. I,3) erwähnt wurde. Kennzeichnend für den Greis war vor allem seine Erkenntnis gewesen, nicht als Ergebnis der Last seiner Jahre, sondern seiner langen, langen Vergangenheit. Überlegen wissend verbirgt der Eremit das Licht seiner Weisheit, denn sie leuchtet in seinem Innern und kann nur intuitiv empfunden werden. Geleitet von der Schlange der Erkenntnis, schreitet der Eremit auf dem Weg voran, der zum Verständnis der Gesetze des Lebens führt. »Drei Säle«, sagt der Meister, »müssen durchschritten werden, um zu diesem Verständnis zu gelangen. Der erste heißt Unwissen. Dort verweilen, indem man sich immer von neuem an den Wänden, die beengen, stößt, führt schließlich zum Ausgang. Er mündet in den zweiten Saal, den Saal der Ausbildung. Dort entdeckt man die Blumen des Lebens, aber auch unter jeder Blume eine geringelte Schlange.« Der Sinn der Metapher ist klar: Ein Blütenkelch ist einer Schlange gleich, die den himmlischen Tau auffängt als Symbol dessen, das von oben gesät wird. Dem Mythos zufolge hat die Schlange dem Schoß der Erde die Geheimnisse des Lebens und des Todes entrissen. So schießt sie todspeiend aus ihrem Loch auf. Sie verkörpert das Unbeständige und das Zeitlose, das sich in allem Bestehenden ausdrückt. Die Schlange ist ein Symbol, dem die Menschen treu geblieben sind. Gutartige und bösartige Naturkräfte, für das Verständnis der göttlichen Justiz unentbehrlich, treffen in ihr zusammen. In diesem Bewußtsein erreicht der gereifte Mensch den dritten Saal, den der Weisheit, die er im schöpferischen Werk offenbaren wird. Jenseits davon dehnen sich die uferlosen Wasser der Allwissenheit, die er in seiner menschlichen Gestalt nicht erreichen kann, aus. In der symbolischen Grafik verläßt der Eremit unter der Leitung seines Glaubens – das keltische Sonnenrad steht für ihn – seinen gewohnten Rahmen. Es glänzt von Purpur, der Farbe der Veredelung, im Herzen des Pentagramms, das den Wahrheitssucher, den Eremiten, darstellt. Das Sehnen, das ihn auf den Weg der Erkundung bringt, und die Einweihung in die Dinge des Lebens sind durch das Violett zweier der Sternendreiecke des Pentagramms angedeutet. Diese Farbe deutet auf intuitive Fähigkeiten, die für eine wesentliche Suche unerläßlich sind.

In der Ausgeglichenheit seines Intellekts und seiner Instinkte – das Orange des oberen Dreiecks im Pentagramm weist darauf hin – wird sich der Eremit seiner vitalen Kräfte bewußt. Sie haben die Farbe Rot. Das Bewußtsein seiner instinktiven Fähigkeiten deutet das Grün an. Der Wahrheitssucher verläßt seine alltägliche Umgebung und schickt sich an, das Universum zu erkunden. Das Spiegelbild der Welt offenbart die kosmischen Kräfte. Die goldene Sonne stellt sie dar, der silberne Mond strahlt sie zurück. Sie bewegen sich auf der blauen Oberfläche der Urwasser, um die der geoffenbarten Welt innewohnende Logik ins Leben zu rufen. Das Udjat-Auge, das im alten Ägypten auf die Fähigkeit des Horus hinwies, mit dem Auge des Geistes zu sehen, versinnbildlichte sie. Diese Logik wird von dem wahrgenommen, der sehen will, um zu erkennen, denn das geistige Auge ist das Organ, mit dem das Schöne, Gute und Wahre die Liebe des Einen zum Ausdruck bringen. Der Pilgerstab steht bereit, und die Welt der Dualität kann ihre Geheimnisse dem preisgeben, der es wagt, die Frucht vom Baum der Erkenntnis des Guten und des Bösen zu kosten, um den sich die verführende Schlange windet. Dies macht links der gelbe Rahmen deutlich, denn Gelb ist die Farbe des Todes und der Auferstehung.

In der Wahrsagekunst deutet dieses Arkan auf die Neigung zum Reisen, den Wunsch nach Alleinsein und auch auf Nüchternheit. Das asketische Verlangen, sich zur Entsühnung Leiden aufzubürden, kann zu Ausschreitungen führen. Es erklärt jedoch auch die Menschenscheu, die ein übertriebenes Liebesbedürfnis verbirgt. Das Arkan verrät gleichfalls mediumistische Begabung und übersinnliche Fähigkeiten, die den, der sie besitzt, nicht selten in ihren starken Bann ziehen.

4
Der Liebende

Die orphische Kosmogonie wäre angetan, Licht in die Bezeichnung dieses Arkans zu bringen, so wie die Zeichner des Mittelalters es darstellten. Ein junger Mann steht mit gesenkten Augen zwischen zwei Frauen, die das Laster und die Tugend verkörpern. Der junge Mann scheint jedoch weder in die eine noch in die andere verliebt zu sein. Nichts weist darauf hin, daß er der einen oder der anderen den Vorzug gibt. Die Bedeutung des Arkans ist wohl die einer Wahl, die jeder Mensch früher oder später treffen muß. Diese Wahl mag aber eine andere Tragweite haben, als es auf den ersten Blick erscheint. In der orphischen Weltentstehungslehre bilden die Nacht und die Leere die Matrix eines Eies, aus dem die Liebe hervorgeht, während Himmel und Erde aus den entzweiten Hälften der Eierschale entstehen. Die Liebe versinnbildlicht so die Einung der Gegensätze, und der Liebende könnte in der orphischen Mystik die Rolle des Mittlers zwischen Himmel und Erde spielen. Diese Mystik ist dem Ideal des Rittertums verwandt, der Idee eines Parzival, der, reinen Herzens und reinen Leibes, den Gral gewinnt, den geheimnisvollen Kelch der Erkenntnis. Er gewinnt ihn nach allen bestandenen Prüfungen auf dem Weg zur Burg des Anfortas. Sodann heilt er die Wunden des Königs mit der magischen Lanze, der Wirkung des Himmels. Das Ritterideal, wie die heiligen Texte es überliefern, veraltet nicht, da es ein Ideal der Liebe und der Brüderlichkeit ist. Der Wahrheitssucher kann auf dem Weg der inneren Verwirklichung zum Ritter werden, doch hat auch dies nur die Bedeutung einer Analogie. Damals mußte der Ritter, wollte er seine Rüstung der Reinheit, die ihn unverwundbar machte, gewinnen und sich würdig zeigen, sein Schwert, Sinnbild der Klarheit, tragen und Prüfungen bestehen. Dieser Prozeß sollte ihm die Bedeutung seiner Wahl bewußt machen. In der symbolischen Grafik nun tritt diese Wahl, die der Eremit zu treffen hat, akzentuiert in Erscheinung.

Im Zenith weist der Kompaß oder das »Sein« (das Tiefenbewußtsein verbildlichend) im Purpur der Weisheitsliebe die Richtung. Die Kompaßnadel kann sich um eine goldene Achse drehen. Sie ist Ausdruck der geheimen Mitte, angedeutet durch das Nachtblau, die Farbe des Mysteriums, das der Mensch in seinem Wesen darstellt. Die Kompaßnadel zeigt nach oben und deutet damit an, daß beide Wege, an deren Kreuzung sich der Eremit befindet, erkundet werden müssen, wenn er aufsteigen will. Wachsam auf seinen Pilgerstab gestützt, beflügelt in seinem Glauben, getragen von seiner Vernunft und beschützt von seiner Demut, wartet der Eremit im Einverständnis mit jeder Härte auf die Prüfungen, die zu bestehen sein Körper, der Kelch seiner Empfindungen, berufen ist. Das Pentagramm steht für den Wahrheitssucher, das keltische Sonnenrad für sein eigenes Licht, das ihn leitet. Seine Vernunft, wie es die Farbe Orange des oberen Dreiecks andeutet, schreibt ihm sein Verhalten vor. Sein Entschluß ist gefaßt. Er verbleibt auf dem initiatischen Weg; das Violett der beiden seitlichen Dreiecke bestätigt es.

Im vollen Vertrauen setzt der Wahrheitssucher seinen Weg fort. In ihm pulsiert, rot, die Dynamik des Lebens und, hellgrün, der Rhythmus der Natur. Er ist bereit, die Hindernisse, die auf ihn warten, zu überwinden. Links neben ihm führen Stufen zum Sonnenrad. Es hat zwölf Abschnitte; ihr Purpur ist das Zeichen der Veredelung. Getragen vom violettfarbenen Dreieck des okkulten Feuers, das das Rad zum Drehen bringt, umkreist es das Hexagramm, das Symbol der kosmischen Harmonie. In dessen Mitte glänzt die goldene Sonne, deren unsichtbare Strahlen der Silberspiegel der reinen Wahrheit zurückwirft. Rechts vom Eremiten erscheint das feuerrote Lingam, ein im Sanskrit phallisches Symbol, das die Zeugungsenergien darstellt, die das Yoni durchdringen, Symbol der Matrix, Altar des Samens, der dank der Einigung der zwei Naturen aufblüht. Jede Erotik ist dieser Weise der Einigung fremd. Sie beleuchtet das große Mysterium der geoffenbarten Welt, dargestellt durch ein hellgrünes Dreieck (die Farbe des Rhythmus der Natur), dessen Geheimnis (nachtblau) eine weiße Scheibe umgibt, die vom Mond, dem Silberspiegel, zurückgeworfen wird. Er verbildlicht das Auf und Ab der Instinkte und Leidenschaften, die durch den Glauben verwandelt werden.

In der Wahrsagekunst ist dieses Arkan doppelwertig. Einerseits beleuchtet es die Willenskraft und die wohlbegründete Entschlossenheit als Folge der Sehnsucht nach Schönheit und Kunst, wie auch eine Überantwortung an eine große Liebe, der man alles zu opfern bereit ist. Andererseits kann es eine von Willensschwäche begleitete Ausschweifung als Folge einer entmutigenden Enttäuschung in der Liebe ausdrücken.

5
Der Teufel

Das Erscheinen des Teufels in der Welt ist eines der großen Mysterien der Schöpfung. Wenn – so stellt sich die Frage – im Garten Eden alles göttlich war, dann war die Schlange, sofern es sie gab, ebenfalls göttlich. Warum also hatte sie den »teuflischen« Gedanken, Eva zu verleiten, die Frucht vom Baume der Erkenntnis des Guten und des Bösen zu kosten, was den Sündenfall des ersten Menschenpaares zur Folge hatte? Der Mythos vom »Teufel« und der Mythos von der »Schlange« sind also eng miteinander verknüpft. Die Schlange verkörpert das dunkle Geheimnis, das sie dem Schoß der Erde, ihrem Wohnort, entrissen haben soll. So findet man sie als Wahrzeichen der Großen Einweihung an der Stirn des Sphinx sowie der ägyptischen Gottheiten. In der Mittelmeerwelt stellt der Ouroboros, die Schlange, die sich in den Schwanz beißt, das Universum und auch die ewige Wiederkehr der Zyklen dar, die zu Ende gehen, um wieder zu beginnen. Die große unsichtbare Schlange ist die Feuerschlange, in Indien Kundalini genannt, Wesen des Lebensprinzips und der Kräfte der Natur in jedem von uns. Für den Psychologen stellt die Schlange die Libido dar, die geheimnisvolle und dunkle Kraft der Psyche. Seth, im alten Ägypten der auf der Sonnenbarke fahrende Gott der Materie, tötete um die siebente Stunde Apophis, die Verkörperung des Meisters der Unterwelt, ein Schlangenungeheuer und Vorläufer des biblischen Satans. Der mittelalterliche Tarot sieht im Teufel den Widerschein der trüben sinnlichen Begierden, der leidenschaftlichen Impulse, die den Menschen versklaven, und der Gegensätzlichkeiten, die den Konflikt heraufbeschwören. In der herkömmlichen Darstellung mit Pferdefuß und Klauenfingern, mit Hörnern oder einem Geweih, verkörpert er die irdisch-elementaren okkulten Kräfte, die den nach Geheimwissen strebenden Menschen in ihren Bann schlagen und in Gefahr bringen, das Opfer nicht erkannter Energien zu werden.

Wenn der Teufel die Knechtschaft des Menschen darstellt, der sich blind seinen Trieben überläßt, führt er gleichzeitig die Wichtigkeit der Instinkte vor Augen, die die Kreatur zum Überleben benötigt. Vom Geist geleitet, können sie sich als schöpferische Energien offenbaren. Als Inbegriff aller zerstörerischen Kräfte bietet der Teufel dem Menschen, der bereit ist, sein dunkles Unterbewußtsein zu erforschen, die Gelegenheit einer fundamentalen Wandlung. Sie ermöglicht es, die instinktiven, zur Entzweiung, also zur Zersetzung führenden Tendenzen mit denjenigen abzustützen, die zum intuitiven Erfassen führen und so die Ur-Einheit und Harmonie enthüllen. Sie wirkt als universales Lösemittel aller scheinbaren Gegensätze in der Welt, denn sie ist die Sublimierung der Liebe.

Die Auslegungen des Arkans *Der Teufel* kreisten vorwiegend um den Begriff des personifizierten Bösen. Einen recht aufschlußreichen Mythos berücksichtigen sie nicht, den des Hades, des Königs der Unterwelt, und seiner Gattin Persephone, der Tochter der Demeter, der fruchtbaren Erde. Dieser Mythos macht bewußt, daß ein Samenkorn, um zu sprießen und Frucht zu bringen, eine Zeitlang unter der Erde verbringen muß. Analog soll der Mensch sein Unbewußtes erforschen. Er soll in den eigenen Tiefen seinen »dunklen Bruder« finden. Dies meint alles, das der Wille aus Furcht, es erkennen zu müssen, verdrängt. Wenn man sich ohne Maske erkennt und sich so annimmt, wie man ist, gelange man – wie es heißt – zur Kenntnis des Universums und der Götter. Man muß wie der Eremit, früher oder später, den Teufel treffen. Er ist der Schatten, der in der dualistischen Welt das Licht des Geistes widerspiegelt.

Da dieses »dem Teufel begegnen« die Folge des Sündenfalls ist, da der Mensch die Frucht vom Baum der Erkenntnis des Guten und des Bösen kostete, und da die Schlange Adam und Eva warnend darauf hinwies, ihnen würden »an diesem Tage, da sie von den Früchten äßen, die Augen aufgehen«, darf man annehmen, daß das menschliche Epos es letztendlich dem Eremiten ermöglicht, »sehend«, als Eingeweihter, zu seinem Ursprung zurückzufinden.

Man ist an die Worte des Pythagoras erinnert: »Dem Menschen, dessen Ursprung göttlich ist, kommt es zu, den Irrtum zu erkennen und die Wahrheit zu sehen.«

In der symbolischen Grafik vertritt das Pentagramm bildlich das Sein auf der Suche nach seinem Ursprung. Es versinnbildlicht die Synthese der zusätzlichen Energien, den Schlüssel der hohen Wissenschaft: die fruchtbringende Einigung des männlichen Prinzips, der Drei und ersten ungeraden Zahl (denn Eins ist keine Zahl), mit dem weiblichen Prinzip, der Zwei und ersten geraden Zahl.

Jedes Symbol läßt sich umkehren. Das Pentagramm mit der Spitze nach oben ist ein wohltuendes Sinnbild. Umgekehrt, mit zwei Spitzen nach oben, stellt es den priapeischen Bock dar, dem sich die römischen Frauen während der Saturnalien hingaben. Und vom doppelgeschlechtlichen Bock der Legende zum Teufel ist nur ein Schritt.

Die fünfte Etappe des auf dem initiatischen Weg fortschreitenden Eremiten bringt ihn von Angesicht zu Angesicht vor das große Rätsel. Weit entfernt von der mittelalterlichen Darstellung, weist das Arkan in der symbolischen Grafik auf die Doppelwertigkeit des Sinnbildes hin. Der Teufel mit seinen gegen den Himmel gerichteten Hörnern ist in den Rahmen der Welt der Begrenzung eingeschlossen. Das Dunkelgrün seiner Hörner deutet auf seine irdische Gewalt. Der goldgelbe Rand jedoch bezeugt, daß diese Energien sich im Verlauf der ewigen Erneuerung auf anderen Ebenen verwirklichen können, um schöpferische Kräfte zu fördern. Wie ein Keil, der trennt, was geeint sein soll, erscheint feuerrot das phallische Element, die Materie durchdringend, deren männlicher und weiblicher Aspekt das Yang und Yin, in Gold und Silber, kennzeichnen.

Purpur ist die Farbe des Mysteriums des Lebens. Purpurfarben sind die beiden Dreiecke, die zu beiden Seiten des Keils die Ohren des Bocks darstellen, den die Griechen dem Gott Pan zuordneten, dem Gott der lodernd fruchtbaren Natur. Den Rahmen, in dem Satan den Ball führt, umschlingt ein großes S in Nachtblau, der Farbe des Geheimnisses - Fragezeichen einer Menschheit, die sich sucht. Es stützt sich auf einen beflügelten Globus, in dem hellblau der Urstoff wirbelt - Symbol der Bewegung der Welt. Vier Wirkungskräfte zerren am Rahmen, der ihnen widersteht: die Kraft des Geistes, symbolisiert durch das alchymische Zeichen des Schwefels; die Zeugungskraft, symbolisiert durch das alchymische Zeichen des Quecksilbers; die Macht der Gnosis, also das tiefe Sehnen nach Erkenntnis, und die Macht des kosmischen Gesetzes, das sich in den acht Richtungen der Windrose offenbart. Um ihre verschiedenen Eigenschaften zu kennzeichnen, hebt sich das Zeichen des Schwefels auf purpurnem Grund ab, der Farbe der Weisheit; das des Quecksilbers auf hellgrünem, der Farbe des Erwachens; das der Gnosis auf violettfarbenem, der Farbe der inneren Verwirklichung.

In der Wahrsagekunst deutet dieses Arkan einerseits auf eine Unterwerfung unter triebhafte Impulse, andererseits auf das Bestreben, sie zu überwinden, ebenso auch auf die Furcht vor Verstrickung in Leidenschaften und wieder auf den Wunsch, sie zu meistern. Es zeigt eine Neigung zur Schwärmerei an, die der Entdeckung »magischer« Fähigkeiten folgen könnte. Deshalb wäre es gefährlich, sich Träumereien hinzugeben; sie sind selten frei von Lüsternheit. So deutet dieses Arkan des Teufels auf einen ungesicherten Zustand schlechthin. Er kann sich zum Guten wie zum Schlechten auswirken.

6
Der Turm

Um einen Gedanken angemessen zu formulieren, sind Worte nötig, die deutlich und klar seinen Sinn widerspiegeln. Ohne sie werden weder Gedanke, noch Sinn des Gedankens je das Bewußtsein erreichen.

Es ist offensichtlich, daß ein Wort im Rhythmus der Zeit seine Färbung ändert und mündlichen Schattierungen verfällt, deren Auslegung verwirrt. Wenn alles lebendig ist, dann ist es auch die Sprache, und man muß, den Sinn der Gedanken zu begreifen, die sie vermittelt, die veränderten Wortbedeutungen der psychologischen Entwicklung der Zeit entsprechend berücksichtigen.

Der Begriff »Maison Dieu«, ursprünglich die französische Bezeichnung des Arkans *Der Turm*, entsprach im Mittelalter einem Hospiz im weitesten Sinne des Ausdrucks. Es war eine Stätte, wo sich barmherzige Menschen, meist Mönche oder Nonnen, der leiblichen Wunden sowie der seelischen Nöte Zufluchtsuchender annahmen. Man predigte Nächstenliebe und Barmherzigkeit, in der Hoffnung auf eine bessere Welt, frei von bedrückendem Kummer und Leid, und in der Stärkung dieser Hoffnung. Diese Vision eines »Anderswo« beschäftigt den Menschen und sein tiefstes Sehnen seit jeher. Immer dann, wenn Zwänge, ob auf politischem, sozialem oder familiärem Hintergrund, ihren Ausgleich fordern, stellt sie sich ein – zwangsläufig, wie die Vorstellung des Zwangs selbst. Verdrängt jedoch, wandelt sich diese Sehnsucht in Schwermut, und im Betrachten der Welt vergessen die Menschen, ausgestattet mit den nur irdischen Dingen angepaßten Fähigkeiten, die aus Wünschen, Ängsten und Meinungen aufgerichtete Mauer niederzureißen. Von Genußsucht verleitet, berauscht von der Macht, die die Wissenschaft verspricht, wollen sie immer weiter hinaus, und das Getöse der von ihnen entfesselten Kräfte umwirbelt sie in seinem Mißklang. Sie suchen verzweifelt oder unbewußt einen Ausweg, der sie in die Freiheit führen könnte. Entdekken sie ihn endlich, zögern sie aus Mangel an Mut. Aber das scheinbar unerbittliche Schicksal bedrückt. Wie ein Blitz, der vom Himmel fährt, ereignet sich etwas, das alles verändert. Man glaubt sich verloren, und das Gegenteil ist der Fall. Der festgefügte Rahmen birst. Die sich an tote Dinge der Vergangenheit klammernde Kreatur bricht zusammen. Sie bejammert ihr Schicksal. Aber plötzlich, wie durch ein Wunder, erweitert sich die Vision der Welt.

Auf einmal erscheinen die Dinge des Lebens in neuer Beschaffenheit. Der belebende Geist weht, und in seinem Atem offenbart sich das Unsterbliche. Zuvor Undurchsichtiges wird durchsichtig, Licht schimmert hindurch. Die Sterne funkeln am Firmament, dieses Funkeln wird zur Verheißung, und diese Verheißung wird erfüllt werden. Getragen von seinem Glauben, wird sich der Mensch bewußt, daß das scheinbar bedrückende Schicksal den Zugang zu einem »Anderswo« freilegt, das ja nur ein anderes »Hier« ist. Diesen wesentlichen Gesichtspunkt betont das Arkan *Der Turm* in der symbolischen Grafik. Dunkelgrün sind die tellurischen Energien, an die sich die Kreatur klammert. Die gelbe Farbe kündigt ihre bevorstehende Auflösung an. Der orangefarbene Rahmen birst. Das Orange weist darauf hin, daß er hauptsächlich intellektueller Natur war. Die nachtblaue Hülle öffnet sich; befreit ist, was gefangen war.

Der lebende Mensch, symbolisiert durch das Ankh-Zeichen, das Kreuz des Lebens, erhebt sich auf den violettfarbenen Schwingen seines Glaubens. Geleitet von seiner Eingebung, die das obere Dreieck markiert, strebt sein Bewußtsein den Sternen der Milchstraße zu, dem Symbol hoher Initiation. Purpurn leuchten die Sterne auf dem Himmelblau, den Menschen einladend, sich zu erheben, um zu verstehen. Dennoch vernachlässigt er nicht die irdischen Ansprüche, die im Rot, der Farbe der vitalen Energien, und im Hellgrün, der Farbe der Naturkräfte, ausgedrückt sind. Sie dienen ihm als Sprungbrett. Vom hohen Firmament fällt ein siebenfarbiger Regen: die sieben Strahlen des Regenbogens, die himmlische Brücke zwischen Firmament und Erde. Diese sieben Strahlen fordern den Menschen auf zu verbinden, was getrennt erscheint.

In der Wahrsagekunst weist das Arkan *Der Turm* auf einen verwegenen, abenteuerlichen Charakter hin, dem jedoch der gesunde Menschenverstand nicht fehlt. Sein Herzensdrang kann ihn auf den Weg der Selbstaufopferung bringen, ohne jedoch die Realität des Alltags vergessen zu lassen. Sein Gesundheitszustand könnte schwankend sein, was ihn zu leichtgläubig gegenüber trügerischen Zusicherungen macht. Auch mag er sich gelegentlich, je nach Umständen, zur Heuchelei entschließen, um seine wahren Gefühle zu verbergen.

7
Das Glücksrad

In Kapitel I, 10 wurde die Symbolik des *Glücksrads* ausführlich behandelt. Sie soll hier vervollständigt werden, um die Lehre, die dieses Arkan übermittelt, voll und ganz verständlich zu machen.

Die Kurbel des Glücksrads zu ergreifen, also sein Schicksal zu meistern, ist der Wunsch aller Menschen. Allzuoft wissen sie gar nicht, daß sie über Fähigkeiten verfügen, mit denen sich, werden sie geweckt, das Schicksal sehr wohl meistern läßt. Nur weil ihnen das nötige Bewußtsein fehlt, stellen sie Theorien auf, erdenken Systeme, sperren sich in Dogmen ein, der Meinung, am Spieltisch eines stets verkannten Schicksals zu sitzen. Sie begreifen nicht, daß der Spieltisch im übertragenen Sinn viel eher mit einem Klangboden verglichen werden kann, der sein eigenes Gesetz hat. Dessen nicht gewahr, ersinnen sie unfehlbare Spielkniffe, ohne zu ahnen, daß dieses Gesetz die Mitwirkung eines jeden bedingt.

Da der Geist alles Lebende beseelt, und da jeder im Geist an der allumfassenden Weisheit teilhat, sollte der Mensch sie in völliger Freiheit auf einer von ihm gewählten Ebene offenbaren. Die Ur-Freiheit, das Wesen des Geistes, ermöglicht es, die eigenen intellektuellen Grenzen zu überschreiten und das Wesentliche zu offenbaren. So löst sich die mentale Abschirmung auf, und der Gesang des Lebens wird wahrnehmbar.

Die nachtblaue Kugel mit den azurblauen Schwingen und der orangefarbenen Achse unter einer mit Henkeln versehenen Kuppel symbolisiert mit ihren acht Strahlen die himmlisch-irdische Gesamtheit, das geoffenbarte Universum, das im »Gesang der Sphären« wahrzunehmen ist. Die Schwingen versinnbildlichen die Erhebung und das geistige Verständnis. Azurblau ist die Farbe des Ur-Atems, Nachtblau die der okkulten Welt und Orange die des harmonischen Ausgleichs der schöpferischen Natur, ein Begriff, der die formverleihenden Möglichkeiten des Lebensdynamismus umschreibt.

Die violettfarbene Kuppel, die die Kugel krönt, drückt das Sehnen nach Wahrheit aus; sie bezeichnet den Rhythmus des Lebens, das in allem Bestehendem pulsiert. Das gelbe Glücksrad verbildlicht die vergänglichen Zyklen; es ist das Symbol menschlichen Schicksals. In diesem Jahrhundert der Beschleunigung, die von der wachsenden Genußsucht nach allem, was das Dasein bieten kann, hervorgerufen wird, läuft das Glücksrad und zieht die Entfesselung der Leidenschaften nach sich. Beschleunigung verschleiert das Glück, das »Wohl-Sein«, das kein Genuß hervorzaubern kann. Der Mensch muß die Kurbel fest handhaben, wenn er dieses verhängnisvolle Heißlaufen vermeiden will.

Ein violettfarbenes großes I im Glücksrad verweist dank der dem tiefst Innersten entstammenden Vernunft auf die Möglichkeit, sich mit der eigenen Melodie auf die Polyphonie des »Gesangs des Lebens« einzustimmen – gleichsam ein ökumenischer Ausdruck der Welt. Die beiden Schlangen, rot und hellgrün, die das Glücksrad tragen, symbolisieren jeweils den vitalen und elementaren Dynamismus. Er entspringt den Tiefen des Unbewußten; das nachtblaue Dreieck auf seinem Sockel im Nachen deutet darauf hin. In diesem Nachen verfolgt der Mensch auf den bewegten Wogen des Daseins die vom Fatum vorgezeichnete Bahn.

Die Felge des Glücksrads entspricht dem Prinzip des Werdens, und die Symbole, die das über das Rad gelegte Tau verbindet, veranschaulichen die intellektuellen und geistigen Fähigkeiten des Eremiten, der entschlossen ist, auf dem Weg der inneren Reife fortzuschreiten, nicht, um nur klüger zu werden als vorher, sondern um vernünftig zu sein innerhalb größtmöglicher und sublim zu steigernder Vernunft. Die Kurbel des Glücksrads, die Kurbel also seines Schicksals, zu handhaben, führt zum Verständnis der Worte Jesu: »Suchet nicht das Gesetz in den Schriften, denn das Gesetz ist Leben. Ihr findet es vor allem in Euch selbst.«

In der Wahrsagekunst weist dieses Arkan auf einen aufgeweckten, lebhaften, hellen Geist und die Neigung, sein Dasein auf eine Karte zu setzen, auf den Drang auszubrechen und auch auf einen abenteuerlichen Charakter. Er mag zum Sich-treiben-Lassen und zum Fatalismus führen, auch zur »schiefen« Bahn und mit ihr in die Gefahr zu verkommen.

8
Die Herrscherin

Makellose Jungfrau und Himmelskönigin, auf den Höhen unvorstellbarer Ideale schwebend, Zauberin und Kaiserin, strahlend im funkelnden Licht – dies alles sind großartige poetische Metaphern für *Die Herrscherin* und die Aura, die sie umgibt und die schöpferische Macht verleiht. Das ihr gewidmete Arkan ruft in seinen Symbolen die Majestät ihrer Eigenschaften wach. Das Udjat-Auge, das reinigende Licht, weist auf die Geisteskraft im Herzen des azurblauen vom Tierkreis umschlossenen Universums hin. In ihm pulsiert und strahlt der ätherische Ur-Stoff, der den Raum erfüllt, um alles, das besteht und bestehen wird, zu zeugen.

Das Mysterium der erhabenen Ordnung, das Mysterium der pulsierenden Strahlungsenergie im Herzen des Kosmos, wird durch die nachtblauen Schwingen angedeutet, die das Tierkreisrad zu tragen scheinen. Die Zyklen folgen einander in konzentrischen Ellipsen: grün, rot und violett, und die Dynamik in ihrer Bewegung umgibt das Zepter der Herrscherin, das der Weltachse entspricht. Es ruht auf einem Halbmond, dessen Spitzen nach unten gerichtet sind; sie sollen die Überwindung all dessen anzeigen, das unbeständig, launisch und wandelbar ist. Die Zyklen folgen einander, und die Dynamik des Lebens bedient sich der drei Farben Grün, Rot und Violett in der Entsprechung zur grünen Natur der Vegetation, zum lebenspendenden Blut der Tierwelt und zur Sehnsucht nach dem Heiligen, nach der inneren Verwirklichung, das beim Menschen Kennzeichen des erweckten Bewußtseins ist.

Die Spitze des Zepters bildet ein Dreieck, das Symbol des feurigen Geistes oder der transzendenten Weisheit in ihrem dreifaltigen Ausdruck; deshalb ein dreiblättriges Kleeblatt. Es entspringt der purpurnen, goldgekrönten Säule, denn Gold ist die königliche Farbe des höchsten Geistes, also des »Gekrönten«. Der Horizontalbalken des Zepters trägt zwei kleine Bögen, die die harmonische Ausgeglichenheit all dessen darstellen, das den Urwassern durch Zweiteilung entspringt. Das umgekehrte grüne Dreieck, alchymisches Zeichen des Wassers, versinnbildlicht die Urwasser.

Ein Diadem aus neun fünfzackigen Sternen, überstrahlt vom Sonnenrad, der Spiegelung kosmischen Geistes, ziert das Tierkreisfirmament. Durch seine violette Farbe verbildlicht es die mystische Psyche, die Weltseele, mit der sich am Ende der Mühen die menschliche Psyche in Erleuchtung eint. Die Symbolik des fünfzackigen Sterns wurde bereits erwähnt. Die Zahl Neun jedoch verdient besondere Aufmerksamkeit. Demeter durchwandert neun Tage und neun Nächte das Universum auf der Suche nach ihrer Tochter Persephone, die von Hades, dem König des Reiches der Finsternis, geraubt wurde. Leto oder Latona, die Mutter von Apollo, dem Sonnengott, und von Artemis, der jungfräulichen Göttin, erduldet neun Tage und neun Nächte lang die Wehen der Geburt. Neun Musen repräsentieren die Gesamtheit des menschlichen Wissens, und Jesus leidet neun Stunden am Kreuz vor seinem Tode. So ist Neun eine Zahl der Vollendung, die die dreifache Vollkommenheit in den drei Welten der mystischen Triade - der Welt der Götter, der Welt des Logos und der geoffenbarten Welt - kundgibt.

Am Firmament halten sich die Götter auf, im Himmel der Logos, der Regent der erhabenen Ordnung; auf Erden waltet der Mensch, berufen, durch den Geist über die Materie zu herrschen dank der Entwicklung seiner schöpferischen Fähigkeiten. Sodann kann er mithelfen, alles Bestehende der Vollkommenheit, dem Ziel der Evolution, zuzuführen.

Die Herrscherin verkörpert das in jedem Menschen mehr oder weniger entwickelte schöpferische, formverleihende weibliche Prinzip. Sie leitet das ewige Werden ein, die Ideal-Welt der Götter, sie ist der Archetyp der geoffenbarten Welt. Alles Werden ist nur durch Zweiteilung möglich. Das Oben ist nicht vorstellbar ohne das Unten, das Gute nicht ohne das Böse, der Himmel nicht ohne die Erde. Diese der Offenbarung eigene Differenzierung führt im Einklang mit dem Rhythmus der Weltseele zum Ausgleich der beiden zusätzlichen Pole. Es ist dieser Ausgleich, der in den beiden Bögen an den beiden Enden des Horizontalbalkens des Zepters der Herrscherin zum Ausdruck kommt.

Als Arkan des übersinnlichen Verstehens ist *Die Herrscherin* das Symbol der metaphysischen Wahrheit, die nur durch intuitive und eingegebene, also weibliche Fähigkeiten erfaßt werden kann. Die Herrscherin, Symbol auch der der Weisheit entspringenden Liebe, stellt die Energie des Aufstiegs dar und kann so mit der göttlichen Sophia, der göttlichen Weisheit, verglichen werden, die die Göttliche Geliebte verkörpert.

In der Wahrsagekunst bezeichnet das Arkan *Die Herrscherin* einen die Wahrheit suchenden Geist, der entschlossen ist, den Weg, der sie offenbart, zu betreten. Außerdem bezeichnet dieses Arkan den Entschluß, Einsamkeit anzunehmen, um seine wahre Berufung zu entdecken und um sodann sein Schicksal zu erfüllen. Das Arkan verweist auf das Streben nach Klarheit und auf die Neigung, sich dem Idealismus und der Träumerei hinzugeben. Es bezeichnet auch den Hang, sich eine Phantasiewelt vorzustellen, in der man etwas Unbestimmtes zu finden hofft. – Ein anderer symbolischer Zusammenhang der Karte deutet auf Selbstgefälligkeit, Eitelkeit und die Einbildung, auserwählt zu sein, weil man sich an träumerische Visionen klammert.

9
Der Gehängte

Im Sinn der Magie der Umkehrung ist »gehängt sein« gerade nicht im landläufigen Sinn zu verstehen (siehe Kap. I,3). Oben und Unten sind nur zwei Annahmen einer den irdischen Dingen angepaßten Einstellung. Man muß sie überschreiten, um das Gesetz zu erkennen, das das Ineinanderwirken zweipoliger Energien bedingt. Dann kann man dem Druck eines belastenden Schicksals entgehen, dessen Ursachen den gewohnten Denkschemata unzugänglich bleiben. Sich erheben und – symbolisch – die Kuppel des sichtbaren Universums durchstoßen, um die Majestät der Rhythmen in ihrem Aufriß zu betrachten, meint jene Erkenntnis der Botschaft, die das vom Tierkreis gebildete Weltrad enthält. Die umwandelnden Pulsschläge der strahlenden Energie wirken ineinander, addieren sich oder heben sich auf. Um das Gesetz zu erkunden, dem die Bewegung des Lebens gehorcht, muß man auf die Symbole der Tierkreiszeichen achten. Sie reflektieren den kosmischen Rhythmus und geben dementsprechend einen, wenn auch nur begrenzten, Einblick in die esoterische Astrologie, da sie die Grundwissenschaft der hermetischen Gnosis bildet. Sie soll den Schlüssel allen rhythmischen Ineinanderwirkens im Laufe der Zyklen, denen alles Bestehende unterworfen ist, übermitteln. Das Tierkreisrad ist das Symbol dieser Zyklen. In seiner Mitte waltet das geheime Feuer, das das Rad zum Drehen bringt. Der Widder, das Symboltier des ägyptischen Sonnengottes Amon, versinnbildlicht es. Der Widder war außerdem das Symbol des Hermes Trismegistos, dargestellt als »Kriophoros«, Widderträger. Dieser Zusammenhang deutet auch den Mythos vom Goldenen Vlies als die Suche nach Weisheit.

Der Widder hat eine enge Beziehung zum »Agni« – im Sanskrit »Feuer« oder »Regent des Feuers«. Die Namen Ariadne oder Aries, phonetisch mit diesem Wort verbunden, tragen mythisch diese Symbolik. Apollo, der Herr der siebenten zu den Mysterien der Natur führenden

Pforte, wurde in manchen Gegenden als Gott des Widders verehrt.

Da der Tarot die Gesetze vermittelt, denen die Entfaltung des Wortes unterworfen ist, kann sich *Der Gehängte* – der Mensch, der sich erhoben hat, um zu sehen, und der verstanden hat zu verbinden, um zu begreifen – mit Hilfe des Ariadnefadens aus dem Labyrinth seiner Verwirrung befreien. Hierzu ist es wichtig, auf die beiden imaginären Achsen des Tierkreisrads hinzuweisen: Die vertikale stellt den Druck der Zeit dar, die horizontale den Raum, der sie zeugt. Es sei noch hinzugefügt, daß die esoterische oder heilige Astrologie Involution, Evolution und Initiation verbildlicht, daß ihr 25920 Jahre währender Zyklus im Zeichen der Jungfrau beginnt, in der das Sonnensystem durch die Präzession der Nachtgleichen einen vollen Kreis um die Ekliptik, den Gürtel mit den zwölf Sternbildern, beschreibt. Diese Bewegung erfolgt im Uhrzeigersinn, also dem der exoterischen Astrologie entgegengesetzt.

Schließen wir diesen kurzen Überblick mit dem Hinweis auf Hipparch (* um 190 v. Chr., † um 125 v. Chr.), der lehrte, daß der Tierkreis alle Geheimnisse des Lebens enthält; seine zwölf Zeichen stellen in dreifacher Wiederholung die alchimistischen Symbole des Feuers, der Erde, des Wassers und der Luft dar, Elemente, die das Ur-Eine auf allen Ebenen seiner Verwirklichung zum Ausdruck bringen.

Das Arkan *Der Gehängte* beleuchtet so die hohe Bestimmung des Menschen, der berufen ist, sich zu einer Globalvision des Universums zu erheben, einem Universum, das er verschönern, nicht ausbeuten soll.

»Der Mensch, dessen Ursprung göttlich ist, soll die Wahrheit sehen«, sagt Pythagoras. Der göttliche Ursprung des Menschen ermöglicht also das Aufsteigen bis zu den Höhen des »Akasha«, dem Sanskritwort für die feinsten Regionen des Firmaments. Wenn man das Arkan des Gehängten meditativ mit den Augen des Geistes betrachtet, tritt der kosmische Mensch in Erscheinung. Ihn symbolisiert das purpurne Ankh-Zeichen, das Lebenskreuz im Herzen des dunkelgrünen Pentagramms, hinter dem die Naturkräfte und die Dynamik des dunkelrot pulsierenden Lebens stehen.

Geleitet von seiner Intuition – ausgedrückt durch silberne Balken, die rechts und links den Balken des Ankh-Kreuzes verlängern –, betrachtet der kosmische Mensch den Spiegel der geoffenbarten Welt. Sein Sehnen (die violette Farbe der zwei oberen Dreiecke, die den stillen Mond von der strahlenden Sonne trennen, gibt ihm Ausdruck) erspart es ihm, am Galgen zu hängen. Statt dessen überantwortet er sich der erhabenen Ordnung, die der Mikrokosmos, seine Welt, widerspiegelt. Sie betrachtet er im Spiegel des Tierkreisrads, und seine Vernunft, dargestellt durch ein hellgelbes Dreieck, bringt ihn zu der Einsicht, daß er berufen ist, den ganzen Weg zurückzulegen, der auf der horizontalen Ebene das Zeichen der Zwillinge mit dem des Wassermanns verbindet. Gelb ist die Farbe der Auferstehung; der goldene Kreis des Widderzeichens unterstreicht diese Bedeutung. Die Zwillinge verkörpern die doppelte Polarität der geoffenbarten Natur und der Wassermann die Gerechtigkeit der Götter.

Auf der vertikalen Ebene, dies weiß der kosmische Mensch, soll er Mittler sein zwischen dem Zeichen der Jungfrau, die Welten gebiert, und dem Zeichen des Skorpions, der die Formen transzendiert, um den Ausgleich zu erwirken, den die Waage darstellt. Dieses Zeichen verbildlicht den Keim eines neuen Kreislaufs, berufen, in anderer Weise der Quintessenz jener Erfahrungswerte zum Ausdruck zu verhelfen, die dem verflossenen Zyklus angehören.

In der Wahrsagekunst deutet das Arkan *Der Gehängte* die Hingabe schlechthin an, dazu das klare Urteilsvermögen, die Pflichterfüllung und zuweilen auch gute Vorsätze, die nicht verwirklicht werden. Es weist auch auf das Bedürfnis hin, von Menschen umgeben zu sein, und auf die Neigung, seine Umgebung in die Richtung eigener Ansichten zu drängen.

2.4.1930 = 19 = GERICHT

1+9 = (10) = GERECHTIGK.

(10)

Die Gerechtigkeit

Die kosmische Gerechtigkeit entspricht auf der menschlichen Ebene dem fortgeschrittensten Bewußtseinszustand. Er spiegelt die göttliche Ordnung wider. Auf dieser Ebene ist die sich wandelnde Gerechtigkeit der Menschen überwunden. Auf ihr umfaßt die Gerechtigkeit wesentliche Erkenntnisse, an die sich die Menschen zu halten haben, wollen sie nicht die Gesetze des Lebens verletzen. In diesem Sinn ist die Gerechtigkeit der Spiegel der kosmischen Harmonie, die der göttlichen Ordnung entspringt, der alles Bestehende unterworfen ist und die eine der Welt innewohnende Logik offenbart.

Diese Logik ist der Mensch aufgerufen zu erkennen, sei es auch nur, um richtig denken zu lernen. Vom rechten Denken gelenkt, wird sich sein Handeln in die Ordnung der Dinge einfügen, wobei Ordnung nicht mit steriler Organisation zu verwechseln ist. Das rechte Denken wird durch intellektuelle, instinktive oder leidenschaftliche Einflüsse weder irregeführt noch verfälscht. Das rechte Denken ist der Spiegel der transzendenten Gerechtigkeit, Ausdruck des Gesetzes der Harmonie, das die Verbundenheit zwischen Mineral, Pflanze, Mensch und Göttern veranschaulicht. Diese Verbundenheit bewirkt sowohl auf irdischer als auch auf kosmischer Ebene eine vollkommene Übereinstimmung alles Bestehenden. Nur das Unwissen des Menschen trennt.

Das Arkan *Die Gerechtigkeit* drückt in der symbolischen Grafik diese harmonische Übereinstimmung aus. Doch Symbole bedürfen der Deutung und Entschlüsselung.

Wenn das Schweigen seine wohltätige Macht über uns ausbreitet, meditieren die Symbole in uns, mag ihre Botschaft auch geheim sein, doch ist sie lebendig. Das Schweigen trägt in sich die Botschaft des offenbarten und des nicht offenbarten Lebens, doch soll ihr tiefer Sinn wirklich verstanden werden, ist es nötig, ihrer Deutung nachzugehen.

Das Schwert – dies ist offensichtlich – symbolisiert den Blitz des Geistes, das schöpferische Wort, und durch seine doppelte Schneide die Möglichkeit des Angriffs und der Verteidigung. So sind die Verteidigung des Gesetzes und die Bekämpfung des Unwissens die Aufgabe des mit dem Schwert bewaffneten Ritters. Auf dem Arkan *Die Gerechtigkeit* ist das Schwert mit einem Knauf in der Form eines Venus-Symbols ausgestattet, dessen Bedeutung an anderer Stelle erläutert wurde (siehe Kap. I,3). Das Schwert bildet das Zünglein einer kosmischen Waage, deren Spitze, unbeweglich nach oben gerichtet, unter dem Symbol der Harmonie ruht, dem Siegel Salomons. Dieser Ruhestand verdient Beachtung. Da das Schwert die schneidende Schärfe des Geistes zum Ausdruck bringt, bezeugt es, gen Himmel gerichtet, die Sehnsucht des Menschen, nicht nur auf dem initiatischen Weg zu verharren, sondern sich zu den lichten Regionen zu erheben, in denen Harmonie herrscht.

Das Arkan *Die Gerechtigkeit* verbildlicht das Gesetz der allumfassenden Gerechtigkeit der die Welt aus Ursache und Wirkung unterworfen ist. Dieses Gesetz der Gerechtigkeit, das die Orientalen Karma nennen – ein Sanskrit-Wort für Wirkungsenergien –, ist ein Gesetz der Notwendigkeit, über das selbst die Götter sich nicht hinwegsetzen können.

Da das Denken das Handeln bedingt, hat der rechte Gedanke große Bedeutung. Zu rechtem Denken kommt es nur durch ein umfassendes Verständnis des Gesetzes der Notwendigkeit, das im Laufe der Daseinsformen unerbittlich waltet. Es ist grafisch dargestellt durch die Verbindung der verschiedenen Elemente der kosmischen Waage. Die sich über dem Symbol des universalen Geistes im Gleichgewicht befindlichen Waagschalen übermitteln die Harmonie des großen Ganzen. Die violette Farbe, die die feinste Schwingung des sichtbaren Spektrums offenbart, steht für den allumfassenden Geist, der alles Bestehende durchdringt. Die Waagschalen gehen in zwei Bogen über, die den Wirbel der gegensätzlichen Energien zu umfassen scheinen – verbildlicht von der Swastika und der Sauwastika. Sie sind die Symbole des doppelten »Spin«, dem Ausdruck der modernen Physik für den doppelseitigen Dynamismus im Herzen des Atoms. Die vier hyperphysischen Elemente, die Grundelemente der sichtbaren Welt, werden durch das vierfach gekrönte Kreuz verbildlicht. Dunkelgrün ist die Farbe des Wassers, Azurblau die der Luft, Leuchtendrot die des Feuers und Hellgelb die der Erde. Zu beiden Seiten des Kreuzes, als Bild der geoffenbarten Welt, glänzen Sonne und Mond: Die Sonne in Gold und Purpur stellt die souveräne Macht des Geistes dar, der silberne Mond die plastische Empfänglichkeit, er ist der Spiegel der reinen Wahrheit. Das Siegel Salomons, Symbol der Harmonie, krönt die kosmische Waage.

Ein Siegel muß erbrochen werden, wenn der Zugang zum Versiegelten frei sein soll. Der Logos, der sich in seiner Schöpfung erkennt, oder auch die schöpferische Dynamik der Natur, die sich in der geoffenbarten Natur spiegelt, sind zwei Bilder, die die Bedeutung des Symbols kenntlich machen. Das Siegel Salomons umfaßt die Summe der hermetischen Wissenschaft, die das göttliche Wort als Archetyp der sichtbaren Welt in denkbare Begriffe umsetzt. Das Hexagramm verbildlicht dank der beiden gleichseitigen und ineinander verwobenen Dreiecke die vier hyperphysischen Elemente und umfaßt im Spiel der Verbindungen die sieben Grundmetalle: Kupfer, Quecksilber, Blei, Zinn, Eisen, Gold und Silber sowie die sieben Planeten der himmlischen Tonleiter: Mond, Venus, Merkur, Saturn, Jupiter, Mars und Sonne. Man findet diese Verbindungen im Arkan *Der Ausgleich* wieder, mit dem Unterschied: Im Arkan *Die Gerechtigkeit* erhellt die Sonne als goldener, silberumrandeter Mittelpunkt das Herz des Hexagramms, das Symbol der Harmonie. Im Arkan *Der Ausgleich* findet man sie an der Spitze des Heptagramms, des siebenzackigen Sterns, der die Bewegung einer transzendenten Realität in Raum und Zeit verbildlicht.

In der Wahrsagekunst weist das Arkan *Die Gerechtigkeit* auf einen pedantischen Charakter, die Neigung zum Organisieren, auf ein Haften an traditionellen Werten und eine Unterwürfigkeit gegenüber überkommenen Sitten und Gebräuchen.

Im Gegensatz dazu kann es auch zu einer Auflehnung gegen die Gesellschaft und ihre Ordnung kommen, wenn Schwierigkeiten nicht akzeptiert und unverarbeitet bleiben. Diese Abwehr wird alsdann systematisch und logisch geführt.

11
Der Ausgleich

Das Arkan *Der Ausgleich* umfaßt die Globalvision einer Welt, in der sich alles im Rhythmus einer erhabenen und furchterregenden Magie bewegt, der Magie des Lebens. Durch den Willen des Vaters, so könnte man sagen, waltet der Geist, den die Sonne symbolisiert, über den Urwassern; sie spiegelt der Mond, um die allumfassende Weisheit zu gebären, den Sohn, der sich als »Wort« offenbart. Rhythmus ist der Hauch des Wortes, der musikalische Ausdruck des Geistes. Die sieben Farben des Regenbogens geben ihm Ausdruck. Ihre Umkehrung übermittelt den Rhythmus der strahlenden Energie, deren wandelnder Pulsschlag die Formen hervorbringt, deren Wesen sie ist.

Alles ist in allem. Das Ei ist in der Henne, wie die Henne im Ei: eine Metapher, die die Dualität in der Einheit veranschaulicht. Der Rhythmus füllt die Räume und eint in Harmonie die Dinge, die anscheinend ohne Verbindung zueinander sind. Das ist seine Magie. Der Kosmos scheint aus Knotenpunkten zu bestehen: Sterne, Planeten, Farben, Töne, Atome; doch der Rhythmus füllt den Raum, und das Heptagramm mit seinen sieben Zacken übermittelt seinen symbolischen Aufriß. In seinem Zentrum leuchtet das Sinnbild der Gnosis, die offenbarte Wissenschaft, die Metaphysik der Wahrheit in ihrer Einheit. So wird der Sinn des Arkans *Der Ausgleich* erkennbar. Durch den umwandelnden Pulsschlag der Strahlungsenergie entstehen und verschwinden Formen, um anderen Platz zu machen. Vom Gesetz des Fortschritts, vom Gesetz des Lebens geleitet, geht alles Bestehende der Vollendung entgegen. An der nach oben gerichteten Spitze des Heptagramms leuchtet das wärme- und lebenspendende Gestirn: die Sonne. Dem Tag des Herrn zugeordnet, dem Sonntag, hat sie als symbolisches Attribut das Gold, das Metall der Ewigkeit, das Metall des sogenannten mineralischen Lichts der Alchimisten. Das alchymische Zeichen des Goldes bezeugt demnach in seiner Grafik seine transzendente Eigenschaft. Die der Sonne zugeordnete okkulte

Farbe ist blau, die reinste aller Farben, während der von ihr ausgehende okkulte Ton der Note »h« entspricht. Folgen wir, den Kreislauf eines Lebensstrahls, den die Sonne aushaucht, zu erkunden, seinem Weg. Von der Sonne führt er zum Mond. Mit dem Montag beginnt ein Septenar, auch Woche genannt. Der Mond spiegelt den vom Tagesgestirn ausgehauchten Strahl wider, denn selbst nicht leuchtend, wird er zum Spiegel, was dem weiblichen oder auch wässrigen Prinzip entspricht. Ihm ist das Silber zugeordnet: Es versinnbildlicht Reinheit und Weisheit, und sein alchymisches Zeichen ist der Ausdruck des Ausgeglichenen. Der okkulte Ton der Mond-Schwingung ist »d«. Auch steht er in einem bemerkenswert harmonischen Verhältnis zum »h«. Jede Schwingung äußert sich als Frequenz, und jede Frequenz kann durch eine Zahl ausgedrückt werden. Diese ist nicht nur mathematische Größe, sondern Archetyp einer sakralen Mathematik. Der vom Mond widergespiegelte Lebensstrahl berührt Mars, um sich zu stärken. Mars führt uns zum Dienstag (mardi), dem zweiten Tag der Woche. Der Planet dieses Namens weist durch sein astrologisches Zeichen, den Pfeil, auf Energie, Inbrunst und Willen hin – Eigenschaften, die der Gott verkörpert, der fälschlich als Gott des Krieges bezeichnet wird. Das dem Mars zugeordnete Metall ist das Eisen, und sein alchymisches Zeichen spiegelt seinen dynamischen Drang wider. Die dem Mars zugeordnete Farbe ist Orange. In der Mitte zwischen Rot und Gelb stellt Orange das von der Vernunft geleitete Wirken dar. Der okkulte Schwingungston dieses Planeten ist »g«. Wir müssen verstehen, daß die Töne der Tonleiter durch rhythmische Schwingungen miteinander verbunden sind, die dem Sucher Aufschluß geben. Vielleicht kann folgende Formulierung diesen Zusammenhang festhalten:

»Die Musik ist eine Sprache, zugänglich und geheim, die Tonleiter das Beben des kosmischen Mysteriums; eine Saite, die ruht, eine Zahl, die schweigt, eine Saite, die schwingt, eine Zahl, die singt.«

Gestärkt durch den Mars und seinem Drang folgend, erreicht der Lebensstrahl Merkur. Dem Dienstag folgt der Mittwoch (mercredi), die Wende der Woche; ihm verleiht Merkur, der griechische Hermes, der ägyptische Toth, Meister der Magie und des Rhythmus, seinen symbolischen Wert. Grün ist die Farbe des Merkur, was nicht verwunderlich ist, denn grün ist der lichtdurchlässige Smaragd, der die Erkenntnis der Geheimnisse der Natur symbolisiert, deren Wächter Toth-Hermes war und bleibt. Der okkulte Ton des Planeten, das »a«, entspricht seinem besonderen Einfluß. Das Quecksilber ist ihm zugeordnet, ein Metall, dessen alchymisches Zeichen die Eigenschaft »Das-zwischen-den-Fingern-Zerrinnende« ausdrückt. Donnerstag (jeudi) ist der Tag des Jupiter; in ihm ist Autorität ausgedrückt. Seine Farbe ist Violett, die Farbe der Andacht und des Maßhaltens. Der okkulte Ton des Planeten ist »c«. Als Metall ist ihm das Zinn zugeordnet, ein dauerhaftes, edles, neutrales, reines Metall, wie sein alchymisches Zeichen zeigt.

Die Autorität führt über das Verständnis, deren Ausdruck sie ist, zur Liebe. Sie wird durch die schönste der Göttinnen, Venus, personifiziert; ihr Tag, der Freitag (vendredi), folgt dem Tag des Jupiter. Venus versinnbildlicht den Rausch der Leidenschaft, veredelt durch Schönheit, die Strahlung des Wahren. Rot ist die Venus-Farbe, die Farbe des Feuers und des Blutes, magisches Lebenswasser, das die Erde befruchtet. Das Kupfer ist dem Planeten zugeordnet. Seine innere Wärme strahlt, und das alchymische Zeichen macht dies offenbar. Der okkulte Ton, der dem Planeten zukommt, ist »e«. Seine Schwingungsfrequenz stellt eine Verbindung her zwischen hohen und tiefen Tönen und somit analog zwischen dem Subtilen und dem Groben.

Nun empfängt Saturn den wandernden Strahl. Saturn ist ein Gott mit doppeltem Antlitz: dem des Todes und dem der Auferstehung, denn der Lebensrhythmus, der Anfang und Ende verbindet, führt vom Sonnabend (samedi), vom Saturn-Tag, zum Sonnen-Sonntag, zum Wiederbeginn. Die Alchimisten ordneten dem Saturn das Blei zu, ein dichtes Metall, das sich jedoch zu Gold verwandeln kann. Der göttliche Funke lebt auch im dichtesten Stoff, und Auferstehung folgt immer wieder dem Tod. Die Farbe des Saturn ist Gelb, die Farbe der Ewigkeit, der vitalen Kraft, aber auch der reifen Ähren, die die Kälte des Winters ankündigen, der die Erde mit seinem weißen Leichentuch bedeckt. Der der Schwingung dieses Planeten entsprechende Ton ist »f«, ein Grundton, der Ton der Natur, die sich stets erneuert.

Der Kreislauf ist beendet. Der Strahl ist zu seinem Ausgangspunkt zurückgekehrt, ohne aber dort zu bleiben. Auch sei bemerkt, daß die symbolisch weiblichen Planeten den symbolisch männlichen gegenüberstehen. Dies kann nicht verwundern, da das Aktive und das Passive sich ergänzen und durch ihre gegenseitige Zuordnung das Wunder der Offenbarung ermöglichen.

In der Wahrsagekunst bedeutet das Arkan *Der Ausgleich* ein sinnvolles Bemühen schlechthin, die Ablehnung des Konventionellen, Anpassungsfähigkeit, aber auch Gleichgültigkeit. Letztere könnte zu einem Sich-Gehenlassen werden. Die Versuchung läge dann nahe, Fatalismen nachzugeben. Auch die Neigung, seine Fähigkeiten nicht wahrzunehmen, somit den Anschein zu erwecken, als läge keine ausgeprägte Persönlichkeit vor, wäre eine Gefahr. Das Arkan zeigt andererseits die zur Überwindung der Schwierigkeiten erforderlichen Eigenschaften, vorausgesetzt, man fügt sich den Umständen und nutzt die Gelegenheiten, die sich bieten.

12
Die Sterne

Die weltweite Symbolik des Sterns wurde in Kapitel I,3 erwähnt. Das Arkan *Die Sterne* ist das Arkan der Hoffnung, die der edlen, selbstlosen Tat, ausgelöst durch das Verständnis des »von oben Gesäten«, entspringt. Im Sinn der alten Mysterien ist das Geschenk der Sterne die lebenspendende Erkenntnis, »Göttertrank« aktiver und passiver Wesenheit, »Lebenswasser« oder auch, in der alchimistischen Ausdrucksweise, das »Lebenselixier«, dessen Quelle himmlisch ist.

Das Arkan *Die Sterne* verheißt die Erlösung des Menschen, der das ihm bestimmte Lebenswasser empfängt. Dieses Lebenswasser ist die Wahrheit jenseits des Scheins; sie soll er offenbaren, um mitzuwirken am Großen Werk.

Die mittelalterliche Darstellung zeigt eine nackte Frau als Bild der Wahrheit, gleich einer Quelle des Lebenswassers, das die verdorrten Weiten des Wissens befruchtet. Die Wahrheit selbst nur eines Augenblicks erleuchtet den gesamten Menschen, und dieser Augenblick der Wahrheit ist der Schlüssel zur geistigen Welt. So ist die Wahrheit der himmlische Tau, den die knieende Frau in einem Silbergefäß auffängt. Sie behält nichts für sich, sondern verteilt den kostbaren Trank: Sie gießt ihn teilweise in das Wasser eines Flusses und vertraut ihn der Strömung an, die ihn weiterleitet. Sie begießt auch einen Rosenstock, dessen Blüte ein Schmetterling umspielt. *Psyche* ist das griechische Wort für Schmetterling und auch für Seele, ein Doppelsinn, der auf merkwürdige Weise die Vorstellung der Seele als Schmetterling evoziert. So könnten den Seelen durchsichtige Flügel wachsen, und sie flögen in den königlichen Gärten des Sternenraums von einer immateriellen Blume zur anderen – gewachsen auf dem Humus der menschlichen Barmherzigkeit und der Liebe. Aber Psyche, froh und heiter, ist frei nur eine Zeitlang. Sie hat noch nicht alle Tiefen erforscht, in denen die tellurischen Energien brodeln: sie erliegt ihrer Anziehung. Dies ist ihr Schicksal.

Das Arkan *Die Sterne* übermittelt wesentliche Lehren. Man findet sie in der symbolischen Grafik der Karte. Die nachtblaue Psyche verbildlicht das Mysterium ihres Ursprungs. Psyche, der Anziehungskraft der tellurischen Kräfte nachgebend, die das dunkelgrüne Pflanzengebilde ausdrückt, bekleidet sich mit einem neuen Körper. So kann sie in ihrer immer größer werdenden Transparenz in der Welt, in der, hellgrün, der Lebensrhythmus pulsiert, um so besser wirken, je besser sie an vergangene Erfahrungen erinnert.

Für den der Mutter Erde verhafteten Menschen bedeutet das Himmelsgewölbe das Oben. Drei Halbkugeln deuten es an. Viele Sterne und drei weitere, gekrönt von einem einzelnen, verbildlichen die Einheit der Erkenntnis, die die Vernunft im dreifachen Aspekt in den vier Himmelsrichtungen spiegelt.

Azurblau ist die Farbe der Urmaterie, deren Ordnung das Harmoniegesetz vermittelt. Purpurn sind die Sterne, um den geistigen Drang zu kennzeichnen. Feuerrot, die Farbe der Lebensdynamik, sind die beiden Stützen des Himmelsgewölbes, während das Ankh-Zeichen, das ägyptische Henkelkreuz und Symbol des Lebens, in den Farben Gelb und Gold die schöpferische Weisheit darstellt.

Derjenige, der aufgrund seiner Einweihung den geometrischen Schlüssel zu den esoterischen Geheimnissen besaß, dessen Symbol das Ankh-Zeichen ist, konnte, wie es hieß, durch den Geist über die Materie herrschen. So erscheint ein auf der Spitze stehendes violettfarbenes Dreieck im Herzen der magischen Schlinge, die der Kreis über dem griechischen »Tau«, das unserem großen »T« entspricht, bildet. Mit dem »Tau« bezeichnete der Engel der Apokalypse die Stirn der Erwählten. Als alchymisches Symbol für das hyperphysische Element des Wassers verwandelt es sich, seiner Farbe entsprechend, zum Sinnbild der Weisheit. Sie ermöglicht die gerechte Verteilung des himmlischen Taus, der auf der einen Seite dem Strom, von einem bis zum Rand mit violettfarbenem Wasser gefüllten Gefäß verbildlicht, anvertraut ist, und auf der anderen ausgegossen wird, um an richtiger Stelle die tellurischen Kräfte zu stärken, derer Psyche bedarf.

Dies ist die Botschaft der Sterne.

In der Wahrsagekunst deutet dieses Arkan eine gewisse Arglosigkeit an, auch einen sicheren künstlerischen Sinn und ein starkes Angezogensein von allem ästhetisch Verfeinerten. Es kann aber auch eine Tendenz zum Sich-Gehenlassen sichtbar werden lassen, verstärkt durch eine ungestillte Sehnsucht, der man dann durch Ausschweifung zu entfliehen sucht.

13
Die namenlose Karte – Der Tod

Der Intellekt, auf den der Mensch so stolz ist, will ihn glauben machen, daß selbst die Ewigkeit einen Anfang und ein Ende habe. Er kann sich nicht vorstellen, daß das Leben *ist*, ohne Anfang und ohne Ende, mag das Dasein, das es widerspiegelt, auch unterbrochen werden. Geburt und Tod sind also zwei Etappen auf dem Weg des Lebens, wobei der Tod der vergängliche Schein des Daseins ist. Die Kreatur im Menschen will fortbestehen, und der Selbsterhaltungstrieb lehnt sich gegen das unabwendbare Verschwinden auf.

Trotzdem muß die Schwelle überschritten werden zwischen dem, das wird, ohne jemals zu *sein*, und dem das *ist*, ohne jemals zu *werden*. Wir müssen also zu sterben lernen, um diese unvermeidliche Schwelle lebend, also bewußt, zu überschreiten. Dazu ist nötig, sich einzuprägen, daß Tod und Geburt dieselbe Pforte öffnen. Sie trennt zwei Seiten des Universums, die diesseitig-stoffliche und die jenseitig-geistige.

Die Sichel des Sensenmanns birgt den Schlüssel des Geheimnisses: Durch den Tod vereinigen und trennen sich die beiden Seiten im umwandelnden Pulsschlag der strahlenden Energie. Das Arkan *Der Tod* verdeutlicht das Bersten einer vergänglichen Welt, auf daß durch die Magie des Rhythmus, dem Wesen allumfassender Bewegung, die göttliche Alchimie ihr Werk vollführe. Dann wird das Grobe in Feines verwandelt, damit das Feine das Grobe durchdringe.

Die Seele bekleidet sich bei der Geburt mit einem Körper, beim Tod verläßt sie ihn, und es liegt nahe anzunehmen, daß nicht anders als ein erfüllter Tag, der einen guten Schlaf einleitet, ein sinnvoll gelebtes Leben einen glücklichen Tod vorbereitet. Es ließe sich hinzufügen, daß der Tod als eine Antienergie angesehen werden kann, die das Vergängliche auflöst und das Ewige polarisiert. Sie löst alles auf, was sich der Bewegung des Lebens widersetzt. Und dieses Leben wiederum offenbart sich in zunehmend angepaßter Form.

Alle Einweihungskulte verlangen das symbolische Erleiden des Todes, um eine neue Vision von den Dingen des Lebens zu gewinnen, um neu geboren zu werden. Damit ist ein grundsätzliches Loslassen gemeint, ein Sich-Lösen von falschen Vorstellungen, Vorurteilen, Meinungen und allem Tand, an dem die Kreatur, die immer nach Besitz strebt, sei er auch intellektueller Natur, hängt.

In der symbolischen Grafik zeigt das Arkan, daß der Tod das Tor zum Leben öffnet, daß der Tod Bewußtsein erweitert. Vielleicht nicht in dem Maße, das alles umfaßt, doch in Form einer Realität, die der Schein der Dinge tarnt.

Die nachtblaue Sichel des Sensenmannes erinnert durch ihre kreisende Bewegung an das Geheimnis der aufeinanderfolgenden Zyklen, die vom Leben zum Dasein und vom Dasein zum Leben führen. Dies drükken die gelben und weißen Flächen des berstenden Würfels, der das sichtbare Universum darstellt, aus. Gelb ist die Farbe des ewigen Neubeginns und Weiß die der dynamischen Möglichkeit des Lebens. Die goldene Sonne – Symbol der strahlenden Energie –, der silberne Mond – Symbol des Spiegels der reinen Wahrheit – und die Schlange, als Symbol der Erkenntnis, weisen auf die tiefe Bedeutung der Sichel hin, das Sinnbild des Unerbittlichen. Die kubische Welt, die Welt, die sich an den Grenzen des Beobachtbaren stößt, birst.

Wirbelnd kreisen die vier hyperphysischen Elemente Wasser, Luft, Erde und Feuer – rot das Feuer, blau die Luft, hellgrün das Wasser und dunkelgrün die tellurische Energie der Erde. Der Ouroboros, die Schlange, die sich in den Schwanz beißt, veranschaulicht die ewige Wiederkehr und ist zudem ein Bild dessen, daß Ursprung und Ende, Kopf und Schwanz, den Gang des Wortes ermöglichen. Das Wort offenbart, was keinen Anfang und kein Ende hat. Dunkelgrün hebt sich der Ouroboros von seinem orangefarbenen Hintergrund ab, zwei Farben, die den Ausgleich des Instinkts und der Vernunft veranschaulichen.

Die Swastika, das Balkenkreuz, dessen Ursprung sich in der Nacht der Zeiten verliert, ist Bild der zyklischen Abfolge um eine bewegungslose Mitte. Sie ist der Pol des Universums, die unfaßbare Achse, um die die vergänglichen Formen herumwirbeln.

In der Wahrsagekunst steht dieses Arkan für das Fatum, für Furcht und Enttäuschung, aber auch die Sehnsucht, sie zu überwinden. Es verbildlicht das Erwachen der tiefsten inneren Kräfte, mit deren Hilfe es möglich wird, das scheinbar schwer zu Ertragende zu bewältigen. Das Urteilsvermögen möchte das Bedrückende ignorieren, und der Wunsch, sich bestätigt zu sehen, möchte Verzagtheit verabschieden. Schwermut und Gelassenheit halten sich die Waage, wenn auch beide Zustände abwechselnd vorherrschen können.

14
Der Meister

Im Abendland wird der Ruf nach dem Meister laut. Der Mensch unserer Zeit will verstehen und nicht nur einfach glauben, wenn er sich dem esoterischen Bereich zuwendet. Auf dem Weg innerer Verwirklichung fortschreitend, fühlt er das Bedürfnis nach einer Leitung, um nicht das Wesentliche zu verfehlen. Groß ist jedoch die Unsicherheit über die wahre Bedeutung des »Meisters«, dessen fernöstlicher Begriff »Guru«, Führer, verschiedene Auslegungen erlaubt. In beiden Fällen handelt es sich um einen Eingeweihten, um einen Lehrer, der den Schüler auf den verschlungenen Pfaden des Daseins leiten soll.

Einen Meister zu finden, bedeutet, eine Wahl zu treffen, die um so schwieriger ist, je mehr an Illusion sie beeinflußt. Illusionen verschleiern, sie nehmen viele Formen an: die der Befriedigung, schnell einen Meister gefunden zu haben, die, ein Auserwählter zu sein, auch die, dank besonderer Fähigkeiten, einem geschlossenen Kreis beizutreten. Ein Meister jedoch ist berufen, den Weg zu weisen, der zur eigentlichen Verwirklichung führt, zur Entdeckung einer Realität jenseits des Scheins, und dies, ohne seinen eigenen Fortschritt oder seine Meisterschaft zu erwähnen. Einflußnahme auf den Schüler ist unvereinbar mit dem initiatischen Weg. Infolgedessen wird der wahre Lehrer nicht versuchen, sich von seiner Umwelt abzuheben, um völlig ungestört und ohne die Aufmerksamkeit Neugieriger oder die Bewunderung anderer wirken zu können. Seine innere Ausgeglichenheit drückt sich in Gesten und Worten aus. Er hilft dem Schüler, die Fähigkeiten der Hingabe, der Selbstlosigkeit und der Urteilskraft zu entwickeln, ohne sich ihm aufzudrängen. Der Schüler soll begreifen, daß der Meister nach gewonnener Erleuchtung den Weg des Dienens wählte.

Die Adepten der alten Mysterienkulte leisteten einen feierlichen Eid, niemals die Lehren des Meisters bekanntzugeben, damit keine falsche Deutung sie entstellen oder, schlimmer noch, sie entwürdigen könnte.

Heute verhält es sich anders. Die Prüfung, die zu jener Erkenntnis der Dinge des Lebens führt, die einst nur den Adepten, also den »Zugelassenen«, vorbehalten war, ist um so schwieriger, als sie ein lückenloses Unterscheidungsvermögen und die Ausdauer einer Suche nach der Gesamtschau der Dinge des Lebens erfordert. Doch mag dieses Bild des direkten Zugangs zur Erkenntnis täuschen; Symbole sind zwar Schlüssel, doch die Schlösser, zu denen sie gehören, muß man selbst entdecken. Der Mensch, der sich seiner Berufung bewußt ist, der Mensch, der entschlossen ist, den Weg der Meisterschaft zu gehen, muß sich vor allem einem Verständnis öffnen, das aus dieser Meisterschaft eine Meisterschaft der Gedanken, der Worte und des Handelns macht. Dann kann er seinen Blick auf den Meister richten, der ihm den Zugang zu den geistigen Schätzen, deren Hüter er ist, erleichtert.

Die symbolische Grafik des Arkans *Der Meister* hebt diese Bezüge klar hervor. Sieben Stufen führen zum Meister. Sie versinnbildlichen den Aufstieg zur Erkenntnis, der eine wesentliche Umwandlung nach sich zieht. Die Stufen haben sieben Farben, die vom Rot zum Violett führen. Rot ist die Lebensenergie, Orange die Möglichkeit, instinktive Kräfte in schöpferische zu verwandeln. Gelb verbildlicht den Tod und die Neugeburt. Grün die Hoffnung auf das Heil; Azurblau verbildlicht die Fähigkeit, die Mysterien zu erkunden; nachtblau ist die Welt des Okkulten, und Violett die Farbe des Ewig-Heiligen. Auf beiden Seiten der ersten Stufe deuten zwei bewegliche Pfeile, ein violettfarbener und ein dunkelgrüner, auf den Glauben, der hinreißt und begeistert, und auf die instinktiven Kräfte, die hemmen und behindern. Oben auf den Stufen steht der Meister. Drei ineinander verwobene Dreiecke versinnbildlichen die dreifache Harmonie in den drei Welten: in der physischen Welt, der Welt des kosmischen Gesetzes und der Welt der Götter. Das Zeichen der Sonne, ein Kreis mit einem Mittelpunkt, erleichtert den Aufstieg zum Licht. Deshalb – die erste Stufe zu beleuchten – hält es der Meister nach unten. Hochgehalten hingegen erscheint das dreifache Kreuz als Symbol für die Leiter, auf der die Seelen zu Gott aufsteigen können. Die Kugeln, die die Kreuzbalken begrenzen, sind aus Silber und aus Gold und verbildlichen Vollkommenheit und Weisheit. Ein goldener Reif krönt das Haupt des Meisters, Symbol der transzendenten Welt, deren Geist ihn umgibt. Er wirkt in den vier Himmelsrichtungen, dargestellt von den vier Strahlen. In ihrer Mitte leuchtet auf purpurnem Grund das Lilienwappen. Purpurn ist die königliche Würde des Geistes, und das Blumenwappen verbildlicht die Rückkehr zum »Sein«, denn die Lilie ist das Symbol der himmlischen Reinheit.

In der Wahrsagekunst weist das Arkan *Der Meister* auf eine Autorität hin, die die Erfahrungen des Daseins offenbart hat. Sie deutet zudem auf die Fähigkeit, die aus Großzügigkeit und Hingabe resultiert. Der Wunsch zu überzeugen birgt jedoch die Gefahren des Dogmatismus und der Pedanterie; sie widersetzen sich dem eigentlichen Ziel. Im Dogmatismus bindet sich das Ziel, in der Pedanterie verliert es sich im Schein der Nähe.

15
Die Gelassenheit
(Die Kraft)

Physische, psychische oder geistige Kraft offenbart eine Kraft, die auf verschiedenen Ebenen von unterschiedlichen Faktoren beeinflußt wird. Die Kraft, die eine in großer Gelassenheit vollzogene Handlung umsetzt, ist demzufolge der Kraft einer Handlung überlegen, die aus Zorn geschah. Deshalb scheint es so, als entwaffneten reine Absicht und wahre Unschuld. Doch setzt diese Behauptung die Strahlung einer Energie voraus, die sich jeder Beobachtung entzieht. Solch eine starke geistige Kraft, die der Wille leiten kann, offenbart mystisches oder magisches Streben. Die brutale, also instinktive Kraft, entgeht meist dem Willen, und es ist offensichtlich, daß das Arkan *Die Gelassenheit* eine vernunftgebundene Kraft verbildlicht, die nicht von instinktiven, impulsiven oder leidenschaftlichen Regungen beeinflußt wird.

Die mittelalterliche Bildkunst läßt daran keinen Zweifel: Einer Frau gelingt es ohne sichtbare Anstrengung, den Rachen eines Löwen zu öffnen. Das Weibliche meistert das Tierische durch die unwiderstehliche Macht der subtilen und kraftvollen Gelassenheit. G.H.

Die Gelassenheit ist ein Seelenzustand jenseits aller Wirrnis, jenseits aller Störung, die Angst in jeder Form verursacht. Nur durch seelisch-geistiges Gleichgewicht offenbart sich die innere Harmonie, die den scheinbaren Gegensatz der Dualität, der der Mensch täglich begegnet, auflöst. Das ist der Sinn des Tierkreiszeichens der Waage, das gleich einem goldenen Siegel in der symbolischen Grafik das Arkan *Die Gelassenheit* kennzeichnet.

Astrologisch bedeutet das Zeichen der Waage die allumfassende Gerechtigkeit sowie die Rückkehr zur Einheit, da für die esoterische Astrologie dieses Zeichen den Keim eines zukünftigen Zyklus trägt. Die Gelassenheit drückt die Kraft aus, die das Gesetz der Gerechtigkeit verleiht, dem die Welt unterworfen ist. Das Zeichen der Waage versinnbildlicht sie. So stand Toth-Hermes dem Wiegen der Seelen vor, während Maat, seine Schutzgöttin, die Wahrheit und mit ihr die der göttlichen Justiz eigene Gelassenheit verkörperte. Im übertragenen Sinn symbolisiert die Waage das harmonische Gleichgewicht des Menschen, der dem treu bleibt, was er ist, in dem, was er tut. Dieser Treue verdankt er seine Gelassenheit und das Bewußtsein, daß die Wahrheit in ihrer unbezwingbaren Kraft letzten Endes stets triumphiert.

Wahrheit ist nie dort, wo die Leidenschaften die Entfaltung der transzendenten Werte behindern. Man entdeckt sie in der Bereitschaft des Herzens und des Geistes, die den Glauben an das Gerechtigkeitsgesetz, auch Karma genannt, weckt.

So entschleiert sich der Sinn des Arkans *Die Gelassenheit*: Unter dem Zeichen der Waage ist das Gerechtigkeitsgesetz durch ein Steuerrad versinnbildlicht. Die acht rautenförmigen Speichen des Rads streben als Bindeglieder zwischen Himmel und Erde der violettfarbenen Mitte zu – Violett als Farbe des Verständnisses und des durchdachten Wirkens. Die Acht ist übrigens die Zahl der kosmischen Ausgeglichenheit, und das silberne, goldbeschlagene Steuerrad bezeugt es. Ihr entsprechend ordnet sich die azurblaue Ur-Materie, und die dualistische Welt entsteht. Sie symbolisiert der treppenartige rote und grüne Rahmen, in dem die Kräfte und Gegenkräfte wirken, um sich letzten Endes gegenseitig auszugleichen.

Das Gesetz der Gerechtigkeit offenbart die geheime Kraft, die von der Verschmelzung des anscheinend Gegensätzlichen ausgeht. Sie wird durch das Yin und das Yang dargestellt, beziehungsweise in violetter Farbe (der Farbe wesenhafter Sehnsucht) und in grüner Farbe (der Farbe der tellurischen Energien). Auf ihre Verschmelzung verweist der nachtblaue Rahmen, der die Magie der Umkehrung widerspiegelt (siehe Kap. I,3).

In der Wahrsagekunst weist das Arkan *Die Gelassenheit* auf eine physische und psychische Ausgeglichenheit, doch zuweilen auch auf einen cholerischen, jähzornigen Charakter. Es bezeichnet zudem eine Ungeduld, die zu Gewalttätigkeit führen kann aufgrund jener Anziehungskraft, die sowohl kriegerische Unternehmen, als auch Ruhmsucht haben mögen.

16
Der Herrscher

Der Herrscher versinnbildlicht die exoterische Autorität, die der Mensch gewinnt, wenn er mit offenen Augen die Wege des Daseins durchwandert. Es ist eine Autorität, die sich in der geoffenbarten Welt auswirkt; sie drückt einen besonderen Aspekt der Meisterschaft aus, eine Meisterschaft im Alltäglichen als der unerläßlichen Plattform von allem, das ist, um zu sein, was wird.

Die alltägliche Welt, die Welt der Dualismen, wird durch den Kubus dargestellt. Der Herrscher regiert eine Welt, deren Räderwerk er kennt. Er ist entschlossen, alles zu überwinden, das unzulänglich erwachte Menschen anzieht und verleitet, sich an Vergängliches zu klammern, weil ihr Urteilsvermögen ohnehin noch nicht ausgebildet ist. Die goldene Sonne und der silberne Mond auf jeder Seite des Kubus versinnbildlichen dieses Wesentliche, das über anderem verlorengehen kann. Durch seine Souveränität, durch seine Unabhängigkeit von den Dingen versucht der Herrscher, diese Diskrepanz spürbar zu machen. Er weiß, daß die Welt des Dualismus erforscht werden muß und daß einzig diese Erforschung den Aufstieg zu jenen Höhen ermöglicht, auf denen das Licht des Geistes leuchtet. Er weiß, daß es nur Einbildung ist, wenn man, im Schneidersitz am Fuße des Berges sitzend, glaubt, Maya werde den Aufstieg vollziehen. Er weiß, daß Maya, die große Illusion, diejenigen verblendet, die ihre Verantwortung scheuen. Er weiß, daß sich jene Menschen in eine Sackgasse begeben, der vollen Überzeugung, in bester Absicht zu handeln.

Der Kubus ist ein alchimistisches Symbol, das zum Verständnis der okkulten Bedeutung des Arkans den unentbehrlichen Schlüssel liefert. Für den Alchimisten ist der Stein ein Symbol der Mutter Erde. Kybele, die Mutter des Zeus, des Gottes des Geistes, wurde in Gestalt eines schwarzen Steins angebetet, eine Anbetung, die der Verehrung gleichkommt, die »Notre-Dame-sous-Terre«, die schwarze Jungfrau unter der

Erde, in Chartres bei vielen Gläubigen genießt.

Die im Evangelium erwähnte Verwandlung der Steine in Brot ist nicht ohne Bezug zu Jakobs Traum: Der Patriarch hatte seinen Kopf auf einen Stein gelegt und nannte ihn Beith-El, Haus Gottes, und dieser Stein wurde durch Umwandlung zu Beth-Lehem, dem Haus des Brotes, also des Lebensbrotes.

Der steinerne Kubus ist ein Symbol der Beständigkeit und Ausgeglichenheit. Mit einer Spitze versehen, ist er wie der Stein der Weisen, der die allumfassende Sublimierung, also auch die des Stoffes, umgreift. Diese Offenbarung führt zu der Erkenntnis, daß Stoff und Geist zwei Pole einer Realität sind.

Das Arkan *Der Herrscher* ist Sinnbild der Schwelle, die vom unbehauenen Stein zum behauenen führt, zum lebenden, vom Geist veredelten Stein.

Die Fähigkeiten, die durch Zustimmung und das Einverständnis mit täglichen Aufgaben entwickelt werden, fördern ein allmähliches Eindringen des Geistes in das Bewußtsein des Menschen. In diesem Prozeß gewinnt Vernunft sich selbst, indem bewußt »approbiert« wird, was zuvor ausschließlich intuitiv verstanden wurde. Der Erfolg wird so nicht ausbleiben. Gleichwohl berauschend für den nicht voll Erwachten, ist er doch nebensächlich für den Herrscher, denn dieser weiß, daß Wissenschaft ohne Weisheit den geistigen Tod bedeutet. Er offenbart die Macht, deren Treuhänder er ist, um sich jedem Tyrannen zu widersetzen und um alles zu fördern, das den Genius des Menschen ausdrückt.

Der Herrscher ordnet die Welt, über die er herrscht, um Unwissenheit zu bekämpfen, um dem Gesetz entsprechend zu walten und die Grundlage vorzubereiten, auf der der neue Mensch im Bewußtsein hoher Berufung sein Schicksal erfüllen kann.

Die symbolische Grafik verwendet den kubischen Stein und deutet seine mögliche Verwandlung zum Stein der Weisen an. Er endet in einer Spitze; Sonne und Mond flankieren seine beiden Seiten. Die Sonne ist Sinnbild der Vollendung, sie hebt sich golden von einem dunkelgrünen Hintergrund ab, einer Farbe, die das Geheimnis des Lebensprinzips ausdrückt: Das Mondsymbol, der reine Spiegel, erscheint auf hellgrünem Grund in der Farbe, deren Entsprechung das Geheimnis der Naturkräfte ist. Auf der Oberfläche des Kubus erscheint die Bewegung des Lebensrhythmus in Form eines Rhombus. Er ist Sinnbild der Einweihung als dem Ergebnis wiederum des erkannten Ineinanderwirkens jener Energien, die in der geoffenbarten Welt walten.

Drei Stufen führen zum Thron des Herrschers. Sie stellen die Vergangenheit, die Gegenwart und die Zukunft dar, und ihre Farben entsprechen der Eingebung, dem Tod und dem Werden, das seit alters her das Schicksal der Menschen bestimmt. Rot – die Farbe des Lebens – und Dunkelblau – die Farbe des Geheimnisses – bilden den Rahmen, in dem der Herrscher seine Macht ausübt. Sein gold-silbernes Lilienwappen-Zepter, das das Mondsymbol schmückt, ist Ausdruck der ihm eigenen Ausgeglichenheit und Harmonie. Der Reichsapfel hingegen repräsentiert seine weltliche Macht.

Das orangefarbene Quadrat über dem Rhombus der geoffenbarten Welt, dem Mysterium, das sie darstellt, vermittelt die Ausgeglichenheit der Vernunft und der Instinkte. Letztere werden durch das zweite schwarzgeränderte Quadrat wiedergegeben, in dem die Ströme der Leidenschaft vom geläuterten Intellekt gebändigt werden. Die weiße Farbe macht dies verständlich.

In der Wahrsagekunst entspricht dieses Arkan einer intellektuellen Strenge, einer pedantischen Logik und auch der festen Absicht, einen Erfolg zu erzwingen, nicht um des Erfolges willen, sondern seines Einsatzes und seiner Nutzung wegen. Jedoch könnte der Erfolg Stolz und Starrsinn hervorrufen, ja sogar eine tyrannische Haltung entstehen lassen, die sich jedem Kompromiß verschließt.

17
Der Wagen

Wenn wir tief betroffen feststellen, daß der geringste Gegenstand, dem wir in unserem Dasein begegnen, »wesenhaft« aus jener Ur-Substanz hervorging, aus der wir selbst bestehen, werden wir zum Tempel, in dem sich uns das Universum in der Liebe verbindet. Dann begreifen wir, daß wir aufgerufen sind, alle Dinge dieser Welt zu hegen, um alles in Einklang zu bringen mit unserem Herzen, das im Laufe ungezählter irdischer Erlebnisse schmerzlich von ihnen gemeißelt wurde.

Die Welt kommt uns wie ein großer Garten vor, den unser waches Bewußtsein pflegt und verschönert. Auf dieser Bewußtseinsebene verlassen wir den Zwang des Alltags, bereit, die letzte Etappe unseres Reiseweges zu beschreiten. Wir selbst lenken jetzt den »Wagen«, mit dem wir bisher über die Straßen des Daseins holperten, weil wir das Grobe abschliffen, die »Federung« ausglichen, den »Sitz« verfeinerten, um ihn würdig zu machen für den, der ihn lenkt.

Das Arkan steht so für das menschliche Wesen, das seine Triebe und Leidenschaften meisterte, um die Lenkung des Wagens dem Geist zu überlassen, der ihn beseelt. Der Mensch, der Herr des Wagens, hat die Konflikte gelöst, hat sein gegensätzliches Streben geeint und jede Suche nach materiellen Erfolgen aufgegeben. Er hat verstanden, daß das Sehnen, das ihm eigen ist, zum Überbewußtsein führt, jedoch nur unter der Bedingung, die ihm die Überantwortung an die psychischen und kosmischen Kräfte des Seins abverlangt.

Das Arkan *Der Wagen* ist ein Arkan des Sieges. Der Weise hat über die Elemente triumphiert, der Eingeweihte hat Zugang zur Erkenntnis der Dinge des Lebens, da er weiß, auf welche Weise er im Licht der erhabenen Ordnung seine schöpferischen Kräfte offenbaren soll.

In der symbolischen Grafik ist das Universum durch ein Kreuz dargestellt, dessen Balken mit ihren Farben Gelb, Grün, Blau und Rot die vier hyperphysischen Elemente Erde, Wasser, Luft und Feuer versinnbildlichen. Die am jeweiligen Ende der beiden horizontalen Balken des Kreuzes eingezeichneten Symbole, deren Sinn in der Beschreibung des Arkans *Der Liebende* (siehe Kap.III) erläutert wurde, verdeutlichen den Ausgleich von Stoff und Geist. Den gemeinsamen Ursprung der vier Elemente, die dem Odem des Entstehens entspringen, veranschaulichen die vier Kronen, deren eine golden ist. Sie gebührt jenem Menschen, der die vier Elemente meistert. Ihn repräsentiert das Pentagramm mit dem Ankh-Zeichen, dem Kreuz des Lebens, dem Symbol der ewigen Seele göttlichen Ursprungs, in seiner Mitte. Die violette Farbe des Pentagramms deutet auf die Inbrunst seines Glaubens, die weiße Farbe auf seine Unverletzlichkeit, die rote und grüne auf den harmonischen Ausgleich der instinktiven und vitalen Kräfte. Der Bogen ist die königliche Waffe. Das Ziel des Pfeils ist die Ordnung der Welt, und das keltische Sonnenrad ist Sinnbild des Seins, das dem Urlicht zustrebt, dem es wesenhaft angehört.

Das Azurblau des Bogens und das Rot des Pfeils symbolisieren jeweils die Ur-Materie und das Feuer des Geistes, also den Blitzstrahl, der die kosmischen Räume durchdringt. Das Universum ruht auf einer Plattform, von zwei Rädern getragen. Ihre Nabe besteht aus den vier Elementen des Stoffes, während die Swastika und Sauwastika die Dynamik des Lebens nachzeichnen, das sich in einer scheinbar gegenläufigen, jedoch in Wahrheit ergänzenden Bewegung offenbart.

In der Wahrsagekunst bedeutet dieses Arkan Erfolg, einen Erfolg jedoch, der auf Eigenschaften des Herzens und des Geistes beruht. Er weist auf Initiative, Vernunft und beruflichen Sachverstand hin. Letzterer mag zu übertriebenem Ehrgeiz führen und starke Geltungssucht hervorrufen.

18
Die Sonne

Zu den großen Zivilisationszentren der Prähistorie gehörten die legendären Kontinente Atlantis und Mu. Das Interesse an Atlantis scheint dabei zu überwiegen, weil Plato den Untergang dieses Erdteils erwähnt und ihn in eine Zeit verlegt, die von der unseren nur durch 12000 Jahre getrennt ist. Andererseits sollte das Land Mu als mythischer Kontinent am Gegenpol gelegen sein, also »am anderen Ende der Welt«. Ohne Zweifel hat Mu eine wichtige Rolle in der Entstehungsgeschichte der atlantischen Zivilisation gespielt. Wenn man bereit ist, auch nur die Idee eines Fortschritts anzunehmen, der sich in konzentrischen Kreisen vollzieht, ist es nicht unwahrscheinlich, daß die ägyptische Kultur ihre Wurzeln in der atlantischen Welt hat. Alle von Mu oder Atlantis abstammenden Zivilisationen waren Sonnenzivilisationen im eigentlichen und im übertragenen Sinn. Ob nun die beiden Kontinente wirklich bestanden haben oder ob sie legendärer Natur sind, ist von untergeordneter Bedeutung, da die Überlieferung in beiden Fällen die Sonne als Symbol des kosmischen Geistes darstellt, der sich in allem Bestehenden offenbart.

Die Sonne war für das Ägypten der Pharaonen die Erscheinung des Himmelsgottes, wie die Griechen ihn sich vorstellten. Die unsterbliche Sonne erhob sich jeden Morgen am Firmament, dem Reich des Uranos, um jeden Abend ins Reich der Toten einzutauchen. Dort, im Reich des Hades, führte sie die Seelen durch die Gefilde der Unterwelt und wies ihnen den Weg zur Auferstehung.

Die physische Sonne nun war mit ihren wärme- und lebenspendenden Strahlen der Abglanz des kosmischen Geistes und ermöglichte Offenbarung überall dort, wo sie stattfindet. »Die Sonne ist sein Vater, seine Mutter der Mond« ist auf der Smaragdtafel zu lesen, deren Urheberschaft Hermes zugeschrieben wird. Diese Aussage umfaßt die Dualität des Passiven und des Aktiven, die beiden Pole der geoffenbarten Welt.

Aton, Osiris, Baal, Mithras, Ahura-Mazda, Helios und Apollo personifizieren am Götterhimmel der verschiedenen Völker den kosmischen Sonnengeist.

Demnach ist das Arkan *Die Sonne* Sinnbild der physischen Vollkommenheit, da die Sonne die dem Bestehenden unentbehrliche Energie ausstrahlt. Vom Chlorophyll zum Plasma, vom Samenkorn zum Fruchtknoten, vom Chromosom zum Neuron sind Fortschritt und Entfaltung nur dank der Sonne möglich.

Um das Arkan *Die Sonne* ganz zu begreifen, muß man zwei Symbole verstehen, das des Eies und das der Welt, denn eines entsteht aus dem anderen.

Das Ei versinnbildlicht die Offenbarung durch das Wort, den göttlichen Atem, der durch den Bruch der Schale die Liebe ins Leben ruft, dank welcher der allumfassende Geist in schöpferischer Kraft wirkt. Vermutlich sind dies auch Inhalt und Sinn eines hermetischen Manuskripts, in dem das sogenannte philosophische Ei folgendermaßen beschrieben wird: »Die einen nennen es den Stein, der kein Stein ist, andere den ägyptischen Stein, und noch andere das Abbild der Welt.«

Da die Symbolik der Welt dreifaltig ist, entspricht sie den drei Kreisen, die den Himmel und das Firmament verbildlichen: die irdische Welt, die Welt des Logos, des Gesetzes, und die der Götter. Die Beschreibung des Arkans *Die Welt* (siehe Kap. III) enthält zusätzliche Angaben.

Das Arkan *Die Sonne* übermittelt die Bewegung des Lebens, die alles Bestehende letzlich der Vollkommenheit zuführt. Die symbolische Grafik verdeutlicht es. Das silberne Ei wird so zur Matrix der Welt, die zur Sonne aufsteigt (azurblau sind die Flügel, die dies verdeutlichen, denn Azurblau ist die Farbe des Ur-Odems). Die beiden diagonal gegeneinander versetzten Quadrate, hell- und dunkelgrün, veranschaulichen die kosmische Ausgeglichenheit zwischen den instinktiven Kräften und denen der Rhythmen der Natur.

Der nachtblaue Sechsstern ist Sinnbild okkulter transzendenter Harmonie, die das Yin und das Yang, das Aktive und das Passive, das Männliche und das Weibliche, geeint in ihrer zyklischen Bewegung widerspiegelt. Sie wieder deutet auf Geburt und Tod alles Vergänglichen. Das Rot des Lebensdynamismus und das Gelb des Niedergangs bringen es zum Ausdruck.

Am Himmel glänzt die strahlende Sonne. Purpurn ist ihre Königswürde, das Urprinzip, das sich wiederum als Punkt im Herzen des Kreises, im Herzen der Vollkommenheit, in seiner Reinheit golden umrandet, manifestiert.

In der Wahrsagekunst deutet dieses Arkan auf einen wachen Verstand hin, auf eine Neigung zum Geistigen, auf Nächstenliebe und Dienstbereitschaft. Letztere kann zur mystischen Andacht und zu inbrünstig vertretener Überzeugung führen, sei es in tyrannischer, sei es in freier, begeisterter Haltung.

19
Das Gericht

Das Gericht, die Auferstehung, die Auferweckung von den Toten – all diese Begriffe und Vorstellungen thematisieren die Vergeistigung nach der Wiedergeburt, jene »Erweckung zum Leben«, die der Erleuchtung gleichkommt. »Die Stimme Gottes«, so heißt es, »die in der goldenen Posaune erschallt, weckt die Toten.« Diese Erweckung ist Initiation, denn »Initiation« bedeutet »Neubeginn«. Die Posaune besitzt also eine beschwörende Kraft. Tritt sie in Aktion, formt sie sich symbolisch zu einem heiligen Bezug.

Nicht weit entfernt von der Posaune ist das Sinnbild der Muschel. Es erinnert außerdem an den Urlaut und, im übertragenen Sinne, an die hyperphysische, also an die geistige Hörfähigkeit. Die Muschel ist ein Schalentier, dessen logarithmische Spirale in ihrer Vollkommenheit eine der sichtbaren Welt innewohnende Logik demonstriert.

Jede akustische Wahrnehmung erinnert an das »Wort«, dessen mythisches Symbol die Perle ist, die die Muschel wie einen verborgenen Schatz umschließt. Es heißt, daß der Klang der Muschel die Strukturen der mentalen Welt erschüttere. Doch auf der vom Wahrheitssucher erreichten Ebene, kurz vor dem Ende seiner Erdenreise, sind diese Strukturen aufgelöst. Das Weiß im oberen Dreieck des Pentagramms macht dies deutlich, während das Ankh, das Lebenskreuz in violetter Farbe, Hingabe offenbart. Die violettfarbenen Dreiecke zu beiden Seiten veranschaulichen das geistige Sehnen. Der vitale Dynamismus, der rot pulsiert, und die durch Grün dargestellten instinktiven Kräfte verhelfen in ihrer Ausgeglichenheit dem Sinn zum rechten Ausdruck. Der Wahrheitssucher ist bereit, alle Verantwortung auf sich zu nehmen, denn er hat die tiefen Wasser seines Unterbewußtseins erkundet, das in einem nachtblauen Rechteck zum Bild wird. Es ruht auf einer Mondscheibe, die den dynamischen Rhythmus, der im Inneren des Stoffes pulsiert, widerspiegelt. Das dunkelgrüne Dreieck der instinktiven Kräfte stützt sich auf das nachtblaue Rechteck, kündet jedoch durch den weißen Kreis in seiner Mitte das Licht an, das auch in der Finsternis leuchtet. Ihm entspringt das Geflecht der durchschrittenen Daseinsformen.

Der Wahrheitssucher hat verstanden, daß alles Bestehende aus derselben Urmaterie hervorgegangen ist. Dieses Verständnis ist im Bild des azurblauen Steuerrads aufgehoben, dessen Rand dreimal mit je drei kleinen Kreisen verziert ist. Sie veranschaulichen, daß die vier rautenförmigen Speichen die dreifache Vollkommenheit des Gesetzes offenbaren, das in den vier Himmelsrichtungen des Raum-Zeitlichen, also zwischen Himmel und Erde, wirkt.

Die Achse des Steuerrads verbildlicht die doppelte Polarität aller bestehenden Dinge: das Aktive und das Passive, das Okkulte und das Beobachtbare. Repräsentierend dafür sind wieder das nachtblaue Yin und das weiße Yang. Wenn der Wahrheitssucher begreift, in seinem eigenen Körper der Kelch zu sein, in dem sich Stoff und Geist verbinden, vernimmt er den Ruf, den die Muschel verstärkt. Purpurn zwischen dem Gold der Sonne und dem Silber des Mondes läßt sie, wie ein Echo, die Stimme Gottes erschallen. »Das Leben *ist*, ohne Anfang, ohne Ende und hört nicht auf zu *sein*, auch wenn das Dasein unterbrochen wird« – dies sind Worte, die jetzt endlich verstanden werden. Sie schwingen und tönen wie Donnerschall und offenbaren blitzartig, daß die Kausalität das Fundament des Fortschritts ist, und daß demnach jede Ursache, die eine Wirkung hervorruft, dieser den Keim einer neuen Ursache übermittelt, der wiederum sie weiterreicht, wenn sie nicht, vom Bewußtsein des Menschen geklärt, angenommen und verstanden wird.

Am Tag des Jüngsten Gerichts müssen alle Ursachen, die Wirkungen hervorriefen, überwunden sein, damit die Schwelle überschritten werden kann, die von der alltäglichen Welt zur geheiligten führt, vom physischen Körper zum erhabenen. »Dann kannst du«, so verheißen die Pythagoras zugeschriebenen Verse, »dich in den strahlenden Äther erheben, um, selbst ein Gott, unter den Unsterblichen zu weilen.« Diese Verheißung, die das innere Ohr fern dem Getöse der Welt vernimmt, verwandelt sich in tiefe Freude, die der Wahrheitssucher all denen zugänglich zu machen versuchen wird, die sich, wie er, anschicken, die Schwelle zu überschreiten.

In der Wahrsagekunst bedeutet das Arkan *Das Gericht* eine prophetische Gabe, übersinnliche Fähigkeiten geistiger Natur und die Anziehungskraft des Geheimen. Dem mag die Neigung zur Schwärmerei und zum Spiritismus gegenüberstehen. Sie bergen die Gefahr der Maßlosigkeit.

20
Die Göttliche Geliebte

Orpheus nannte die Natur »die Mutter, die viele Dinge schöpft«. Die Symbolik der Mutter ist in der Tat eng mit der der Fruchtbarkeit verbunden, und, im übertragenen Sinn, mit der Symbolik der schöpferischen Kraft. So verkörpern die großen Muttergottheiten, zum Beispiel Isis, die Herrin der Zauberworte und Göttin der Mysterien der Natur, unter verschiedenen Gesichtspunkten die allumfassende Lebensdynamik, die allem und jedem Form verleiht. In diesem Sinn sind sie Göttinnen der Fortpflanzung, die sich in steter Jungfräulichkeit der Umarmung des Geistes überlassen, um die Welten zu gebären. In diesem Sinn offenbaren sie auch das Gesetz des Lebens, das die »Göttliche Geliebte« personifiziert, Symbol des Ewigweiblichen und Verkörperung der göttlichen Sophia, also der transzendenten Weisheit. Ihrer Eingebung und ihrer Leitung folgen bedeutet, sich der Weisheit zu unterwerfen, also dem Gesetz des Lebens gehorchen. Was ist das Leben, könnte man fragen. Der Mensch kann es nicht sehen, obschon alles, das er berührt, sieht oder atmet, das Leben offenbart.

Leben ist eine geheimnisvolle Macht, die unzählige Erscheinungsformen ins Dasein ruft. Die Existenz des Menschen scheint dazu ausersehen, sich diesem Gesetz des Lebens zu beugen und sich ihm völlig zu überantworten. Nur so, um auf Pythagoras zu hören, kann er sich »in den strahlenden Äther erheben, um, unsterblich, unter den Unsterblichen zu weilen«.

Da *Die Göttliche Geliebte* dieses Gesetz des Lebens verkörpert, und da sie das Ewigweibliche, demnach das Mysterium der Weiblichkeit, versinnbildlicht, drückt alles, das im Garten des Schöpfers geboren wird, wächst oder stirbt, ihre Erhabenheit aus.

Die kosmische Bewegung gehorcht dem Gesetz des Lebens, sie ist rhythmisch, denn alles im Herzen des Ur-Einen bewegt sich dank der erhabenen und furchterregenden Magie des Rhythmus.

Das Gesetz des Rhythmus erkennen, bedeutet, sich dem Geist öffnen, bedeutet, sich der Wahrheit jenseits des vergänglichen Schleiers der Formen bewußt zu werden. Sodann, von der Göttlichen Geliebten geleitet, drängt der erwachte Mensch in das Geheimnis des Lebens ein und überläßt sich seiner Bewegung. Dies führt zur Entdeckung des Steins der Weisen, der seit Äonen unter einem schweren Deckel ruht. Eines Tages wird er gehoben werden müssen. Der Stein der Weisen ist ein Stein der Vollendung, der Schlußstein des großen Werkes der Natur. Er offenbart sich dem Menschen, der jegliche Dualität und jegliche Wirrnis hinter sich ließ, um zu wollen, »was gewollt wird«. Sodann, von der Göttlichen Geliebten erleuchtet, wandeln sich die Dinge des Daseins. Im übertragenen Sinne nimmt man sie, von einem hohen Bewußtsein geadelt, als übersinnliche Realität wahr, die die Welt des Werdens offenbart.

Die symbolische Grafik des Arkans *Die Göttliche Geliebte* enthüllt den Weg, der ins Herz des Mysteriums führt, vergleichbar dem Garten der Hesperiden, in dem man die Rose der Einweihung pflückte. Der Adept war einst der Erwählte, der zur Erkenntnis der initiatischen Geheimnisse zugelassen war. Ihm entschleierte Isis das Mysterium, das sie in sich trägt.

In der symbolischen Grafik stellt der Sockel, auf dem das Labyrinth ruht, die sichtbare Welt dar. Rot wie das Blut ist der Schwall der Lebensdynamik, und dunkelgrün sind die instinktiven Kräfte, die die Aufeinanderfolge des Passiven und des Aktiven veranschaulichen. Das Zeichen des Yin und des Yang sind beider Sinnbild. Besser als jedes andere übermittelt es die scheinbare Gegensätzlichkeit der zwei Naturen; die weiße und die schwarze Furche betonen dies. Das Sinnbild sagt gleichzeitig etwas über ihre gegenseitige Ergänzung aus, da das eine am anderen teil hat. Der doppelte Schwall der Lebenskraft, rot und grün, strömt diesseits und jenseits der sichtbaren Welt, deutlich in der S-Form der Darstellung. Um diese Welt, in der die Dualität herrscht, zu erkunden, öffnet sich ein enger Durchgang, das Dasein.

Die gelbe Farbe zeigt die Notwendigkeit an, den Tod anzunehmen, damit Wiedergeburt und die Erforschung des Daseins möglich werden. Gewunden sind die Wege, die zum Herzen des Labyrinths, dem Sinnbild der initiatischen Reise, führen. Rückschritte sind unvermeidlich; nur mit ihrer Hilfe läßt sich wirklich besser vorwärts schreiten. Zum Herzen gelangt nur der, der Ausdauer zeigt, um, eingeweiht und somit richtig vorbereitet, die wesentlichen Offenbarungen zu erkennen. Es handelt sich um den Weg ins Innere Heiligtum des Seins, den alle Traditionen erwähnen. Das Udjat – ägyptisch »das geschminkte Auge« – war ein heiliges

Symbol. Es verbildlicht in der Mitte des Labyrinths das Auge des läuternden Lichts, mit anderen Worten die Weisheit, der der Eingeweihte zustrebt. In der Mitte dieses Labyrinths strahlt das viollettfarbene Licht, Hingabe andeutend, das auf dem Weg zum Mysterium unerläßlich ist. Das nachtblaue Dreieck stellt das Mysterium selbst dar. Die Tetraktys liefert den notwendigen Schlüssel. Von ihr war bereits die Rede (siehe Kap. I,8). Das Dreieck versinnbildlicht Wesenheit, Substanz und Bewußtsein, den dreifachen Aspekt der allumfassenden Vernunft, die sich im Rhythmus des Lebens offenbart. Das Leben, die »Eins«, das Eine, ist Urprinzip, das sich durch die »Zwei«, die Form, die es annimmt, in der »Vier«, also den vier Himmelsrichtungen der raum-zeitlichen Welt, entfaltet. 1 + 2 + 4 = 7. Sieben ist die Zahl der in Raum und Zeit wirkenden Dynamik. Fügt man ihr die Drei, Zahl der höchsten Vernunft, hinzu, die das violettfarbene Dreieck versinnbildlicht, entdeckt man die Zehn, die Zahl der Vollkommenheit. Die Göttliche Geliebte verwandelt sich in den magischen Spiegel dieser Vollkommenheit.

Golden und purpurn glänzt eine Sonne im Herzen der Urmaterie. Ihre lebenspendenden Strahlen werden von den drei Phasen des Mondes widergespiegelt, die jeweils die Empfänglichkeit, die schöpferische Einbildungskraft und die Bildsamkeit veranschaulichen. Sie leuchten dem Pilger, der das andere Ufer erreicht, und weisen den Weg. Er hat Anrecht auf den Äskulapstab, dessen hellgrüne archaische Form die Erkenntnis der Gesetze der Natur versinnbildlicht. Er empfängt das violettfarbene Symbol des kosmischen Geistes, da er hellsichtig, verständnisvoll und weise in vollster Überantwortung an die Weltseele und frei unter allen Himmeln das Schöne, Gute und Wahre offenbaren kann, das die Götter für ihn bereithalten.

In der Wahrsagekunst deutet dieses Arkan auf eine Veranlagung zur Beschaulichkeit und zum Studium der Metaphysik. Diese Veranlagung mag zum Mystizismus führen; sie könnte sogar in Frömmelei oder religiösen Fanatismus ausarten. Verdrängt, könnte sie aus Furcht, nicht verstanden zu werden, in Liederlichkeit umschlagen und die Fähigkeiten, wahrzunehmen, in ihrer Entfaltung gefährden.

21
Der Magier
(Der Gaukler)

Der Magier schafft und ordnet aus eigenem Willen. Dieser eigene Wille spiegelt jedoch bewußt einen transzendenten Willen. Den diesem Arkan oft gegebenen Namen des Gauklers, Possenreißers, desjenigen, der mit seinen Requisiten jongliert – der Illusion einer Meisterschaft zuliebe, die nur das Ergebnis von Geschicklichkeit ist –, sieht offensichtlich die Botschaft des Tarot nicht vor. Sie sollte vielmehr den Magier verewigen, denn der Weise oder Magier wirkt mit seiner ganzen Einsicht in den kosmischen Plan am großen Werk der Natur. Er wandelt sich somit zu einem Ritter des Geistes, zum Ritter ohne Furcht und Tadel, der sein Handeln dem Gesetz des Lebens unterwirft, um am Fortschritt alles Bestehenden bis zur Vollkommenheit führend mitzuwirken. Vier Attribute erlauben es ihm, seine Absicht zu verwirklichen: der Stab, das Schwert, der Kelch und die Münze. Ihre Symbolik wurde in Kap. I,3 erläutert.

Der Magier stellt den verwirklichten Menschen dar. Er wagt es, dem Herkömmlichen entgegenzutreten. Er erhebt sich, um zu sehen, zu verbinden, zu verstehen. Er kann das Schöne, Gute und Wahre auf der von ihm gewählten Ebene ausdrücken. Er ist sich dessen bewußt, daß er in seinem Körper, in dem sich Geist und Stoff treffen, seine eigene Unsterblichkeit destillieren kann. Er hat das Trugbild der Dualität überwunden und versteht, daß die Seele sich erst dann ihrer selbst bewußt wird, wenn sie die Erfahrung des Lichts und der Dunkelheit gemacht hat, wenn sie die beiden Naturen erkundet sind, die die Ureinheit verschleiern, um sie zu spiegeln. Der Magier kann mit Hilfe des Schwertes, dem Symbol der erhebenden Kräfte, die schöpferischen Energien offenbaren. Der Kelch, in dem die Quintessenz der irdischen Erfahrung destilliert wird, fängt Tropfen für Tropfen den himmlischen Tau auf, den die Sonne aushaucht. Der Stab verwandelt sich in seinen Händen zum Zepter, dem Sinnbild der Autorität, die Erkenntnis verleiht. Die Münze, dargestellt von einem Kreis, ist sein geistiger Schild. Auf strahlend gelbem Grund, einer Farbe, die den von allem Zugetragenen befreiten Intellekt symbolisiert, erscheint das Dreieck der reinen Vernunft. Die Meisterung der intuitiven und der instinktiven Kräfte ist durch einen zweiten Kreis dargestellt, in dessen Mitte sich auf orangefarbenem Grund das alchymische Symbol des Silbers abhebt. Es spiegelt die Harmonie der geläuterten, mentalen Welt, denn Orange veranschaulicht die Möglichkeit, die instinktiven Kräfte in schöpferische umzuwandeln. Diese Möglichkeit, die dem verwirklichten Menschen zusteht, macht ihn zum Regenten der Mitte und der vier Horizonte. Das Zepter des Magiers offenbart so seinen Sinn. Das umgekehrte Dreieck, das alchymische Zeichen des Wassers, versinnbildlicht in violetter Farbe das Heilige, die Weltseele. Sie gebiert die sichtbare Welt, die im Zepter durch den mit zwei Halbbogen verzierten waagerechten Balken dargestellt ist. Die zwei Pole sind vollends ausgeglichen, und purpurfarben überragt sie der Rhombus, das Symbol edelsten Sehnens, das zu Meisterschaft und Einweihung führt.

Der Magier berührt die raum-zeitliche Welt, die grüne Natur, nur mit der Spitze des nachtblauen Schwerts, also mit dem Geist. Er hat das Rad der Verkörperung durchlaufen und versteht, daß die nachtblaue Farbe das Geheimnis des menschlichen Epos, nämlich das Abenteuer des menschlichen Erdenweges versinnbildlicht. Den Knauf des Schwertes bildet das Venus-Symbol, das heißt zwei hellgrüne durch einen Querbalken symmetrisch getrennte Dreiecke. Grün ist die Farbe der zyklischen Erneuerung, und die beiden Dreiecke, die aktive und die passive Vernunft, versinnbildlichen in ihrer Gegenüberstellung nicht nur diese Erneuerung, sondern durch den Querbalken auch den Treffpunkt des Stoffes und des Geistes. So bezeugen sie die erhabene Ordnung, die sich in der Welt offenbart. Diese Ordnung wird durch ein langgestrecktes Rechteck dargestellt. Azurblau ist der Urstoff, der den Raum erfüllt. In den vier Himmelsrichtungen geoffenbart, spiegelt das Rechteck den kosmischen Geist wider, der durch zwei violettfarbene, sich gegenüberstehende, aber doch verbundene Dreiecke angedeutet wird.

Über vier Elemente verfügt der Magier. Vier sind die Meisterworte, die das Sesam-öffne-dich der Geistigkeit darstellen. Dies meint das Wagnis, sich der tiefen Einsicht, in die eigene Eigentlichkeit zu überantworten. Dies meint auch, wollen, was gewollt wird in der Vision des göttlichen Plans, oder erkennen, um in Liebe, die aus dem Verständnis der gegenseitigen Abhängigkeit aller Dinge erblüht, zu wirken. Auch das Schweigen, wenn Worte überflüssig sind und in leeres Geschwätz ausarten, gehört dazu.

In der Wahrsagekunst veranschaulicht das Arkan *Der Magier* Einweihung, Vernunft, Hellsicht, die Möglichkeit, in die Welt des Okkulten einzudringen, und Unterscheidungsvermögen. Letzteres mag gelegentlich ein Überlegenheitsgefühl entstehen lassen, das den Wunsch nach sich zieht zu glänzen. Wenn diese Neigung sich verstärkt, bedeutet sie Versuchung und Gefahr des Autoritätsmißbrauchs. An die Stelle des Sehnens nach Erkenntnis und dem Wunsch, der Menschheit zu dienen, mag unter gewissen Umständen der Wille zu materiellem Erfolg treten, der durch fehlgeleitete Begabung nur allzu leicht zu erringen ist.

22
Das Matt
(Der Narr)

Das Arkan *Der Narr*, auch *Das Matt* genannt, läßt sich mit dem Stützpunkt vergleichen, den Archimedes suchte, das Weltall aus seinen Angeln zu heben. Mit Hilfe des Arkans ist dies zwar nicht möglich, doch könnte es den Schleier lüften, der den initiatischen, vom Tarot erleuchteten Weg verhüllt, wenn der Mensch, der ihn beschreitet, begreift, daß er zu sich selbst führt.

Mag Weisheit dem Unwissenden auch als vernunftwidrig erscheinen, der Begriff »Narr« drückt nur unvollkommen die esoterische Bedeutung eines Arkans aus, das eine Realität jenseits des Scheins der Dinge anspricht. Da die Erfindung des Schachspiels Toth-Hermes zugeschrieben wird, und da in diesem höchst symbolischen Spiel »Matt« die Eingrenzung des Königs, also seiner weltlichen Macht, bedeutet, scheint es angezeigt, diese Bezeichnung für die einzige nicht numerierte Karte des Spiels zu wählen.

Die Weisheit, verstanden als geistige Wesensschau der Dinge, oder, einfacher, als eine der sichtbaren Welt innewohnende Logik und Spiegelung der erhabenen Ordnung des Kosmos führt zum überweltlichen Verständnis des göttlichen Plans. Das Matt versinnbildlicht diese Weisheit als transzendente Realität, als Ur-Sache oder Ur-Eines, das dem logischen Fassungsvermögen nicht zugänglich ist und im Schachspiel durch den König Gestalt annimmt. Das Matt hat die begrifflichen Grenzen des raum-zeitlichen Universums verlassen und stellt metaphysisch das Unbeschränkte dar. Es verbindet die Evolutionszyklen, die in konzentrischen Spiralen den Reigen der Entwicklung weiterleiten. In gewöhnlichen Kartenspielen ist das Matt als Joker jeder anderen Karte überlegen, was ihn über das Spiel erhebt. Er kann somit am Anfang oder am Ende eingereiht werden.

Als Sinnbild einer transzendenten Wirklichkeit kann das Matt als Alpha und Omega aller Verwirklichung nur durch Symbole begriffen werden. Das Symbol verhüllt, was nicht in Erscheinung tritt, und hilft gleichzeitig, einen wesentlichen Gedanken in seiner rätselhaften Umhüllung zu erfassen. Ist dies geschehen, ändert sich das Bewußtsein der Dinge des Lebens. Es offenbart den Rhythmus, die Seele aller Bewegung, dessen Dynamik, rot wie das Blut, in einem dreieckigen, an einem Stiel befestigten Silberkelch pulsiert. Dieser Kelch, Sinnbild des Großen Werkes der Alchimisten, erinnert an den Zauberkessel des keltischen Königs Dagda, in dem, durch den Atem von neun Jungfrauen erwärmt, sich Sonnen- und Mondstrahl einten, um Zauberkräfte auszudünsten. Sie sollten den Menschen ihr Schicksal meistern helfen. Das Matt steht für diese Zauberkräfte, aber es kann sich auch im Alltag zum unerwarteten Boten wandeln, vorausgesetzt, daß Hellsicht den Schleier des Scheinbaren zu lüften versteht.

Als Summe der hermetischen Wissenschaft offenbart das Arkan *Das Matt* die Bewegung, die die heiligen, durch die Swastika versinnbildlichten Energien dem Viereck, also der Welt, übermitteln. Es verdankt seine Entstehung den vier hyperphysischen Elementen - rot das Feuer, gelb die Erde, grün das Wasser, blau die Luft. Der goldene Kreis der kosmischen Erkenntnis, geeint mit dem Dreieck des transzendenten Willens, krönt die Ellipse der ewigen Wiederkehr in der Unendlichkeit der Zeiten. Durch ihre drei Farben Violett, Gold und Silber veranschaulicht sie das zeitlose Sehnen der Menschen nach Wahrheit und nach Verständnis, die Liebe weckt. Mit ihr kann der Eingeweihte die Höhen erklimmen, die das Licht des Geistes umspiegelt. Die der sichtbaren Welt innewohnende Logik wird sowohl von der Symmetrie einer Schneeflocke als auch durch die Schönheit einer Rose offenbar. Sie entspringt der Bewegung des Lebens im nie endenden schöpferischen Reigen. So werden Wesen, Bewußtsein und Substanz von der Einung des goldenen Kreises mit dem Dreieck des transzendenten Willens versinnbildlicht. Wirkend im azurblauen Meer des Ur-Stoffes, wird dieser transzendente Wille zum Urmaterial einer Welt, deren Matrix sich als silberner Halbmond abzeichnet, Spiegel des umwandelnden Pulsschlags der strahlenden Energie. Ein leuchtendes Gelb gibt ihr Ausdruck.

In der Wahrsagekunst stellt das Matt sowohl das Erhabene als auch das Irrationale dar, die höchste Weisheit sowie das Vernunftwidrige, das Sehnen nach dem Unmeßbaren, Bewußtsein einer undenkbaren Realität, aber auch den Verzicht auf jegliche Erhebung. Das Arkan weist auf das Erwachen der Wahrnehmungsfähigkeiten hin, die jedoch die Gefahr in sich tragen, einem Mediumismus, der verblendet, zu verfallen.

IV

Die Wahrsagekunst
Praxis des Kartenlegens

IV
23.AUG.83 : XX IX

XV
20.OKT.83 I XII

2.) X
2.) XII 1.) VII XIII 2.)
17. NOV. 83 XX XIV
1.) 1.)

2.) XIX
13.DEZ.83 2.) IV 1.) XIII 2.) XVI
1.) LEMAT 1.) XIV

14.APR.85 1.) XIV
2. XVI

Allzuoft mißbraucht, beruht die Wahrsagekunst auf einem intuitiven Verständnis, das die Arkane, werden sie auf richtige Weise befragt, abstützen. Leichtgläubigkeit, noch weniger ungezügelte Einbildungskraft, sollten hier nicht im Spiel sein; sie sind nur irreführend. Dennoch ist logisch nicht erklärbar, wieso die Karten nach dem Mischen, in überkommener Weise gezogen, auf Fragen Antwort geben können, die sich auf die Vergangenheit, die Gegenwart und die Zukunft beziehen. Dies ist jedoch erstaunlicherweise weitgehend der Fall, vorausgesetzt, daß dank innerer Stille und Klarheit der Stützpunkt, den die gewählten Arkane in ihrem symbolischen Zusammenhang bilden, richtig erkannt und gedeutet wird. Der bloße Wunsch nach einer willkommenen Antwort oder nach einer Antwort auf alltägliche Fragen verhöhnt den eigentlichen Sinn der Wahrsagung. Sie will etwas ganz anderes; sie soll eine Wahl erleichtern und der Spiegel sein für ineinanderwirkende Möglichkeiten, die ins Bewußtsein gebracht werden, weil Symbole unerkannte Fähigkeiten im Gehirn wecken. Diese Fähigkeiten fördern eine Erkenntnis, die einem Bewußtwerden entspricht, nicht in Form einer Antwort auf eine Frage, sondern im Verständnis, wie man selbst die richtige Wahl treffen kann. Man könnte behaupten, daß die Wahrsagekunst im wahren Sinne des Tarot zum inneren Meister führt, der, unvoreingenommen befragt, demjenigen Antwort gibt, der sie hören kann und will.

Der Leser dieses Buches ist, wenn er die Lehren, die der Tarot übermittelt, wirklich verstanden hat, in der Lage, der Wahrheit in seinem eigenen Innern zum Ausdruck zu verhelfen.

So verstanden, sollen zwei Möglichkeiten des »Spiels« als Unterlage der Wahrsagekunst erläutert werden. Am ersten Spiel müssen zwei Personen teilnehmen, der Frager und der Befragte. Letzterer sollte sich von jeder Voreingenommenheit lösen. Dann wird es ihm gelingen, sich in vorbehaltloser, ungebrochener Sympathie, also rhythmisch, mit dem

Frager zu identifizieren. Der Befragte: Mischen Sie die Karten, machen Sie sodann mit der linken Hand drei Päckchen, ohne die Karten umzudrehen. Legen Sie die drei Päckchen in der Ordnung ihrer Wahl vor sich hin. Wenn dies geschehen ist, breitet der Befragte (die Karten sind immer noch verdeckt) die Karten des ersten Päckchens aus und bittet den Frager, mit der linken Hand vier Karten zu wählen. »Dies ist Ihre Vergangenheit« - könnte er sagen -, die Vergangenheit von gestern, von vor zehn Jahren oder noch weiter zurückliegend, denn Zeit soll uns nicht beeindrucken. Er verfährt auf gleiche Weise mit dem zweiten Päckchen, müßte aber sagen: »Dies ist Ihre Gegenwart« - also von heute oder die von diesem Jahr oder sogar die des Daseins, weil wir zeitlos verstehen sollen. Und nochmals verfährt er auf gleiche Weise mit dem dritten Päckchen, diesmal mit dem Hinweis auf die Zukunft, also das Morgen oder das »in zehn Jahren« oder das noch viel Spätere. Vor dem Auflegen der Karten bittet er den Frager, aus den übrig gebliebenen Karten eine Karte zu wählen. Er deckt sie vor sich auf und nimmt das Päckchen eins, um, von oben nach unten, rechts von der aufgedeckten Mittelkarte, die vier Karten der Reihe nach aufzudecken, eine unter der anderen. Sodann, horzional von rechts nach links, deckt er die Karten des Päckchens zwei auf. Danach, von oben nach unten, links von der Mittelkarte, das Päckchen drei. Die so aufgedeckten Karten formen ein U um die Mittelkarte. Diese Mittelkarte stellt den Frager dar in seiner jetzigen, doch auch in seiner wesentlichen Problematik.

Der Befragte muß die Bezüge zwischen den symbolischen Auslegungen der aufgedeckten Arkane und der Mittelkarte überschauen; ihm muß also das Geflecht aus Vergangenheit, Gegenwart und Zukunft durchsichtig sein. Der Frager mag zum Beispiel fragen: »Ich leide an Einsamkeit. Wie kann ich das Angstgefühl, das sie hervorruft, überwinden?« Die Antwort des Befragten könnte lauten: »Die Mittelkarte ist die der Kaiserin. Kurz gesagt, die Möglichkeit, schöpferische Kräfte zu verwirklichen. In bezug auf die Vergangenheit sehe ich viererlei: Dank des Arkans *Der Mond*, erste Karte oben rechts, eine uneingestandene Sehnsucht, gestern, vorgestern oder noch früher. Sodann zeugt das Arkan des Eremiten, das ihm folgt, von dem Willen, das Konventionelle zu verabschieden. Doch das darunter stehende Arkan *Die Sterne*, dem das des Narren folgt, bezeugt das träumerische Schwärmen, das Wesentliches nicht zum Ausdruck bringt. Wenn das Arkan des Narren vor dem der Sterne stünde, wäre das Umgekehrte richtig. Übrigens, wenn wir von rechts nach links die Gegenwart betrachten, sehen wir das Arkan der Sonne als Bewußtsein einer sich wandelnden Welt, in der man wirken sollte. Das Arkan *Der Magier* vermittelt den Wunschtraum, Magier zu sein, aber das Arkan *Der Turm* folgt ihm, und gleich danach vermittelt das Arkan *Der Tod*, das die Gegenwartsserie beschließt, den Eindruck, daß das Ausbrechen aus dem Rahmen des Alltags zwar als Übergang von einem Bewußtseinszustand in einen anderen verstanden wird, aber auch Furcht erweckt und somit wissentlich verzögert wird. Aufwärtssteigend links winkt das Arkan *Die Gelassenheit*, die notwendig erscheint, um die schöpferischen Kräfte auf richtige Weise auszudrücken. Ihm folgt das Arkan *Der Teufel*, also das Triebhafte, das der Gelassenheit widerspricht. Nach ihm kommt das Arkan *Die Welt*, das daran erinnert, wie sehr jeder berufen ist, in seiner eigenen Gestalt zum großen Werk der Natur beizutragen. So vermittelt das letzte Arkan der Zukunftsserie, *Der Wagen*, die Möglichkeit, das eigene Schicksal zu meistern, wenn man den Mut zum Wagnis hat und sich einem höheren Geschick überantwortet, denn in diesem Entschluß, sich zu überlassen, liegt der wahre Glaube, der Schlüssel zur Überwindung jedweder Angst. Ich denke, Ihre Frage ist hiermit beantwortet, könnte der Befragte schließen.

Sollten bei einem Päckchen eine Karte oder mehr Karten fehlen und vier Karten nicht zu ziehen sein, werden nur die im Päckchen befindlichen beachtet, jedoch muß ihre Reihenfolge bestimmt werden.

Das zweite Spiel ist einer Einzelperson vorbehalten. Sie mischt die Karten und macht mit der linken Hand vier Päckchen, die sie der Reihe nach unaufgedeckt von rechts nach links vor sich hinlegt. Von jedem Päckchen wählt sie je eine Karte, die sie aufdeckt, die vom rechten Päckchen oben, die zweite unten, also zu sich, die dritte rechts, die vierte links. Diese vier Karten formen jetzt ein Viereck. Der Spieler wählt nun aus den restlichen Karten eine Karte und legt sie in die Mitte der vier aufgedeckten. Diese Karte spiegelt seinen heutigen Bewußtseinszustand wider, und zwar im Herzen der Möglichkeiten, die ihm eigen sind. Zu Beginn des Spiels überlegte sich der Spieler beispielsweise, ob sein Entschluß, einen Meister in Indien zu suchen, der richtige sei. Den aufgelegten Arkanen zufolge durchschaut er das Wesentliche seines Bewußtseinszustandes; ihn verbildlicht die Mittelkarte. Nehmen wir an, es wäre *Der Teufel*. Oberhalb läge das Arkan *Der Mond*, unterhalb *Die Göttliche Geliebte*, rechts *Das Gericht* und links *Die Gerechtigkeit*. Wenn der Spieler die Einweihungslehre des Spiels der Spiele richtig verstanden hat, dürfte seine Deutung, ohne auch nur im geringsten durch geheime Wünsche, uneingestandene Angst oder Beklemmung verfälscht zu sein, ungefähr folgendermaßen lauten: »Teuflisch ist, was trennt. Bin ich mir in meinem Sehnen meiner Möglichkeiten bewußt, oder opfere ich das

Wesentliche der Unruhe, die mir innewohnt und der ich entgehen will? Der Mond versinnbildlicht mein Sehnen. Das ist authentisch, und die sich ihm entgegenstellenden intellektuellen und instinktiven Schranken müssen überwunden werden. Ihm gegenüber lächelt hier die Göttliche Geliebte zu. Ich will in den Kern des Mysteriums meines Hierseins auf Erden eindringen. Die Göttliche Geliebte weist den Weg, allerdings den der abendländischen Tradition, die ich wahrscheinlich eher an Ort und Stelle, denn entfernt erkunden kann.

Rechts gibt mir das Arkan *Das Gericht* viel zu denken. Bin ich bereit, dem inneren Ruf zu folgen, um wirklich die Schwelle zu überschreiten, die von der heutigen Lebensweise zu einer ganz anderen führt? Bin ich wirklich so weit, daß Indien nicht Ziel einer Flucht, sondern einer fundamentalen Wandlung ist? So wende ich mich dem Arkan *Die Gerechtigkeit* zu, also einem Sinnbild für die kosmische Harmonie. Meine Abreise wirkt jedoch auch störend. Soll ich dennoch und trotz unklarer Sicht mein Unternehmen ausführen und hier die Bande des beruflichen, des familiären und des Freundeskreises trennen?«

Gans allgemein gesehen weist das Arkan im Zenith den Weg. Das Arkan im Nadir zeigt die Möglichkeit an, das Arkan zur Rechten das, was recht ist, und das zur Linken das, was dem Gefühl entspricht. So verstanden, könnte der Spieler schlußfolgern: »Mein Sehnen ist authentisch. Das Herz empfiehlt zu bleiben. Jedoch ist es recht, dem Sehnen nachzugeben, jener Möglichkeit im Hier und Jetzt zuliebe, sich dem Kern des Mysteriums zu nähern.«

Jeder ist frei in seiner Wahl, doch eine richtige Wahl führt zum richtigen Handeln. Dazu verhilft der Tarot. Gleichzeitig führt er zum vollen Bewußtsein der eigenen menschlichen Verantwortung - vorausgesetzt, der »Spieler« versteht im Rahmen eines Spiels die Geheimsprache der Arkane.

V

Die Logik der Zahlen

Die Aufeinanderfolge der Etappen, die der Mensch auf dem initiatischen Weg zurückzulegen hat, wurde im ersten Teil dieses Werkes beschrieben. Die arabischen Ziffern auf den Arkanen entsprechen demzufolge dem Fortschritt auf dem Wege und benötigen keine ergänzenden Hinweise. Dagegen tragen die Sinnbilder eigene Zahlen. Sie erscheinen oben links auf den Karten in römischen Ziffern und helfen, die Erkenntnis, die der Tarot vermitteln möchte, in vollstem Sinne auszuweiten. Es ist demnach unerläßlich, sie richtig zu deuten, um auch richtig zu verstehen. Das Abendland verdankt Pythagoras die Zahlenmystik, den Schlüssel der geoffenbarten Welt. Der Weise von Samos wollte auf seine Weise eine uralte Überlieferung erschließen, deren Wert er während seines langen Aufenthaltes in Ägypten schätzen lernte.

Um die Geheimnisse dieser mystischen Zahlenwelt zu ergründen, die in großen Zügen in Kapitel I erläutert wurden, muß man auf die rationale Denkweise verzichten. Intuition öffnet das Verständnis der Zahlen und läßt ihre mathematische Bedeutung vergessen. »Die Zahl«, sagte Pythagoras, »ist das Bindeglied zwischen dem Wort und seiner Offenbarung.«

Fangen wir also bei der Zahl I an, die in Wahrheit keine Zahl ist, da »eins« keine Zahl sein kann.

I

Die Eins enthält alle Zahlen, ohne in einer anderen enthalten zu sein; sie gehört also dem Arkan *Der Ausgleich* an, der »alles in allem« verbildlicht.

II

Die Göttliche Geliebte (Die Päpstin). Die Eingebung entspringt der höchsten Weisheit, der göttlichen Sophia, die jenen Weg weist, dem die rationale Erwägung zustimmt. *Die Göttliche Geliebte* steht somit für die

Erkenntnis des Erkennbaren überhaupt. Sie versinnbildlicht das Ewigweibliche, also das Geheimnis der formverleihenden Weiblichkeit. Alles Bestehende spiegelt die sie offenbarende doppelte Polarität wider, und so gebührt diesem Arkan die Zahl Zwei als immaterielle Dyade, Matrix der Dinge des Lebens.

III

Das Arkan *Der Mond* verbildlicht die drei Phasen des Nachtgestirns. Seine Scheibe, die das Sonnenlicht widerspiegelt, wandelt sich zum Zauberspiegel der reinen Wahrheit, während die drei Mondphasen den Zyklen entsprechen, die sich in immerwährender Folge im Rhythmus der Natur offenbaren. In dieser Welt ist alles Rhythmus, vom Herzschlag bis zur Abfolge der Jahreszeiten. So wirkt im Rhythmus des Lebens die transzendente Weisheit dreifach: durch das Wesen, durch das Bestehen, durch die Substanz. Deshalb trägt das Arkan *Der Mond* die Zahl Drei.

IV

Das Arkan *Der Herrscher* repräsentiert die gemeisterte Welt, gemeistert in der Form ihrer Erscheinungen. Diese Begrenzungen, in denen sich Welt offenbart, symbolisiert die Zahl Vier.

V

Die Fünf ist die Zahl des Menschen, jene Summe der »Drei«, der ersten ungeraden, männlichen Zahl, und der »Zwei«, der ersten geraden, weiblichen Zahl. Der geometrische Aufriß der Fünf ist das Pentagramm, dem sich dank der Harmonie seiner Proportionen der menschliche Körper einzeichnet. Der Kopf hat seinen Platz in der Spitze des Sterns. Er verbildlicht die Meisterschaft der Vernunft über die vier Glieder, die sich bei gespreizten Beinen und ausgestreckten Armen mit den vier übrigen Zacken decken. Wieder analog kennzeichnet diese Aufteilung die Meisterschaft der Weisheit über die vier hyperphysischen Elemente, die dem Stoff zugrunde liegen. Die Zahl Fünf sei deshalb dem Arkan *Der Eremit* zugeordnet, da er den Menschen auf der Suche nach seinem Sein darstellt.

VI

Die Summe aus drei und drei macht sechs. Sechs ist die Zahl der geoffenbarten transzendenten Weisheit, und ihr geometrischer Aufriß das Hexagramm. Seine Symmetrie ist Harmonie in Offenbarung und im übertragenen Sinne offenbarter Logos, der sich in seiner Schöpfung wiedererkennt. Das Symbol des Hexagramms veranschaulicht die erhabene Ordnung, und das Arkan *Die Gerechtigkeit* - nicht eine Gerechtigkeit der Menschen, sondern die Gerechtigkeit der Götter - stellt sie dar.

VII
Die Sieben ist eine ganz besondere Zahl. Sieben Farben hat der Regenbogen, sieben Töne die Tonleiter, sieben Tage die Woche. Die Zahl Sieben kennzeichnet die königliche Erhabenheit der durch die Drei versinnbildlichten transzendenten Weisheit, die sich in der Bewegung alles Bestehenden offenbart. Die so offenbarte höchste Vernunft drückt sich im raum-zeitlichen Rahmen durch den schöpferischen Genius der Natur aus, an dem der Mensch teilhat. Die Triade, Herrscherin des magischen Vierecks, Herrscherin der Welt, wird so durch die Sieben versinnbildlicht. Die Herrscherin, strahlendes Bild schöpferischer Energien, prägt also dem Arkan ihres Namens ihr Siegel auf. Die Zahl Sieben: Das Symbol der schöpferischen Dreiheit und Meisterin der magischen Vierheit.

VIII
Die Acht ist der allumfassende Ausdruck des kosmischen Gleichgewichts, die Zahl der Windrose. Das Arkan *Die Sterne* offenbart eine grundsätzliche Spiegelung. Gültiges kann unternommen werden, das nicht von oben ausgelöst wurde. Damit Samen des von oben Gesäten keimen und in der Welt aufgehen, müssen sie in den vier Himmelsrichtungen und in den vier Zwischenrichtungen der Windrose verteilt werden.

Die dem Arkan *Die Sterne* zugeordnete Zahl ist infolgedessen die Zahl Acht.

IX
Neun ist die Zahl des Vollzugs; sie ist das Zahlensymbol der himmlischen Sphären und der höllischen Kreise. Sie verkündet die Vollendung eines Zyklus und folglich auch die Rückkehr zur Ur-Einheit, die durch die Zehn, die Zahl der Vollkommenheit, veranschaulicht wird.

Im übertragenen Sinn ist die Zahl Neun Symbol der Erlösung. Dies erklärt auch, weshalb die Ägypter der Novene, der neuntägigen Andachtsübung, den Namen »Sonnenberg« gaben. Die Zahl Neun veranschaulicht den Gipfel der Evolution in seinem dreifaltigen Ausdruck, also in den drei Welten, der Welt der Götter, der Welt des Logos und der Welt des Menschen. Dreifach, behaupteten die Ägypter, ist die Evolution, weil der Archetyp Osiris-Isis-Horus in seiner Urform Wesen, Bewußtsein und Substanz darstellt und sich in allem offenbart. Das Arkan *Das Gericht*, das Jüngste Gericht verbildlichend, dem sich der Mensch nach Vollendung seines Erdenweges stellen muß, trägt folgerichtig die Zahl Neun.

X
Zehn ist die Zahl der in den vorangehenden Kapiteln bereits erwähnten pythagoreischen Tetraktys. Dergleichen ist sie die Zahl der Vollkommenheit, denn sie führt zu einer höheren Bewußtseinsebene. Analog ändert sich im Zehnersystem der Stellenwert, und so kennzeichnet die Zehn eine Schwelle. Jenseits von ihr liegt die Welt der Archetypen, der geistigen Urformen der Dinge und ihrer eigentlichen Wesensgehalte. Der Meister verkörpert die Vollkommenheit. So wird das Arkan *Der Meister* (Der Papst) mit der Zahl Zehn bezeichnet.

XI
Die Elf ist eine Zahl des Gegensatzes, des innersten Kampfes und des Verstoßes gegen das Gesetz der Harmonie. Auf der Bewußtseinsebene der Archetypen ist man an die Worte des Heiligen Augustinus erinnert, der sagt: »Als Gegensatz empfinden, was zusätzlich ist, kann als Rüstkammer der Sünde angesehen werden.« Folgerichtig trägt das Arkan *Der Teufel* die Zahl Elf.

XII
Die Zwölf versinnbildlicht das raum-zeitliche Abrollen der Zyklen und auch das Universum in seiner inneren Verwicklung. Diese Verwicklung führt zyklisch zum Aufbruch all dessen, was sich der Bewegung des Lebens widersetzt. Das Arkan *Der Turm* trägt demnach die Zahl Zwölf.

XIII
Die Zahl Dreizehn entspricht einem Wiederbeginn. Zwölf Jünger umringten beim Abendmahl den Meister. Ein neuer Zyklus kündigte sich an, und der dreizehnte, der Erhabenste, offenbarte diesen Neubeginn, indem er den Tod annahm, um die Auferstehung zu bezeugen. Die Zahl Dreizehn wird also die Zahl des großen Arkans der großen Arkane, des Arkans, das keinen Namen trägt, des Arkans des Todes.

XIV
Der Eremit entschließt sich am Scheideweg, die Tiefen seiner Schatten-

welt zu erkunden, um alles, das sich seinem Aufstieg zum Licht widersetzt, zu zerstreuen. Er ist bereit, sich in die Nacht des Unterbewußten zu begeben, um seine letzten Winkel zu erkunden. Sie bilden einen unsichtbaren, vom Willen aufgerichteten Schirm, der zurückdrängt, was der Wille nicht annehmen möchte. Die Zahl Vierzehn kommt also dem Arkan *Der Liebende* zu, dem Arkan der Wahl, vor die der Mensch gestellt ist, wenn er die Grenzen seiner Beschränkungen überschreiten will.

XV

Die Kraft der Ausgeglichenheit, die der Erkenntnis entstammt, beseelt denjenigen, der entschlossen ist, sein Schicksal zu meistern. Dieser Wille bestimmt sich aus dem Bewußtsein des Gesetzes der Harmonie und der Absicht, sie auf der je eigenen Ebene auszudrücken. Dieser Mensch begreift, daß das Zünglein der Waage der gegensätzlichen Kräfte der Natur der ausgleichenden Mitte zustrebt. Sie entspricht dem Ausgleich der zwei Naturen, des Aktiven und Passiven, des Yin und des Yang. Die Zahl Fünfzehn gebührt dem Arkan *Der Ausgleich*, sie ist der Ausdruck wahrer Vernunft.

Wahre Vernunft allein meistert die hyperphysischen Elemente. Nur der wahrhaft Vernünftige, der sich selbst beherrscht, ist Bild eines wesentlichen Archetyps.

XVI

Auf der Ebene der Archetypen verbildlicht das Arkan *Der Wagen* in vollkommener Weise die erhabene Ordnung, die sich offenbart, wenn der Mensch das Warum und das Wie seines Erdenweges voll und ganz erkannt hat. Er überläßt es dem Sein, ihn auf die vom Licht des Geistes überstrahlten Höhen des Überbewußtseins zu führen. Die Zahl Sechzehn gebührt diesem Arkan, das die kosmische Harmonie vergegenwärtigt.

XVII

Wir sagten, daß die Sieben das Königtum der transzendenten Weisheit in seiner raum-zeitlichen Bewegung verbildlicht. Auf der Ebene der Archetypen wird dieses Königtum durch die »Sonne« dargestellt, das Tagesgestirn und das Symbol des Geistes.

Dieses Arkan, dem die Zahl Siebzehn zukommt, zeichnet den Aufstieg der Welt zum Geist vor, also die Bewegung einer transzendenten Realität, die nur durch Erleuchtung begreifbar wird.

XVIII

Die Kurbel des Glückrads ergreifen und sodann, geleitet von der Einsicht des Geistes, sein Schicksal zu meistern, ist nur möglich durch die allumfassende Vision der Dinge des Lebens, denn diese Vision setzt das Verständnis des Ineinanderwirkens aller Energien voraus, die sich in den acht Richtungen der Windrose offenbaren. Dieses Verständnis verleiht auch dem Symbol des Glückrads kosmisches Ausmaß. Nichts ist vom übrigen getrennt; das kleinste sichtbare oder unsichtbare Partikel nimmt teil an der Übertragung von Energien bis in den Sternenraum. Deshalb entspricht die Zahl Achtzehn dem Arkan *Das Glücksrad*.

XIX

Das Ende des Weges zeichnet sich ab. Neun ist eine Zahl der Vollziehung, die auf der Ebene der Archetypen dem Eingeweihten zuzuschreiben ist. Dieser Eingeweihte ist sich dessen bewußt, daß der Tierkreis der geometrische Aufriß eines Universums ist, dessen Mysterium er erkundete. Es ist somit offensichtlich, daß die Zahl Neunzehn dem Arkan *Der Gehängte* zukommt. Seine wesentliche Symbolik führt ins Herz dessen, was ist, jedoch vom Scheinbaren getarnt.

XX

Die Welt - sie ist der geheimnisvolle Spiegel der reinen Wahrheit, die des Himmels und die der Erde. Der Logos in seiner Vollkommenheit spiegelt beide in der Natur wider, und eine der Sinnenwelt innewohnende Logik bezeugt sie. Die Zahl Zwanzig - zweimal die Zehn - veranschaulicht die doppelte Vollkommenheit des sichtbaren und des unsichtbaren Universums und ist somit dem Arkan *Die Welt*, dem Archetyp der geoffenbarten Weisheit, zugedacht.

XXI

Jenseits der zweifachen Vollkommenheit erreicht man ein »Anderswo«. Kein irdisches Wesen kann es sich vorstellen. Der erwachte Mensch, der die Zyklen der Daseinsformen durchschritten hat, verläßt das irdische Universum, es sei denn, er wählt den Weg des Dienstes an der Menschheit. In diesem Fall, Meister seines Schicksals, unterscheidet ihn, in menschlicher Gestalt, nichts vom gewöhnlichen Sterblichen, seine Strahlung ausgenommen, die nur der künftige Schüler wahrnimmt. In beiden Fällen handelt es sich um einen neuen Anfang; so muß die Zahl Einundzwanzig dem Arkan *Der Magier* zugeordnet werden, da sie den Neubeginn in der Ewigkeit der Zyklen auf einer dritten Ebene veranschaulicht.

Nachwort

Die hebräische Kabbala und die allumfassende Kabale

Gemeinhin wurde die Bedeutung der Arkane des Tarot mit der Lehre der hebräischen Kabbala verbunden, denn sie ist, den Kabbalisten zufolge, die Algebra des Glaubens, die die Problematik der Seele wie eine Gleichung lösen kann.

Die Übereinstimmung der 22 Buchstaben des hebräischen Alphabets, von denen jeder einer Zahl entspricht, und der 22 Tarotkarten begünstigt diese Auffassung um so mehr, als jeder Buchstabe für den Kabbalisten ein Universum im Kleinen mit seinen übereinstimmenden Ebenen darstellt.

Die Kabbala ist eine Philosophie von großer Tiefe und großer Vielfalt, was ihr Studium nicht gerade erleichtert, zumal ein großer Teil der von ihr behandelten Themen die gründliche Kenntnis der hebräischen Sprache voraussetzt. Für die Kabbalisten hat Gott hebräisch gesprochen, als er den ersten Adam aufforderte, die Dinge zu benennen, auf daß sie seien; hebräisch sprach er auch, als er Moses auf dem Berg Sinai erschien. Für die Kabbalisten ist das Hebräische eine Ur-Sprache und unentbehrliche Voraussetzung, die Welt zu verstehen. Für die Kabbalisten enthält die Ur-Substanz zugleich Ursache und Wirkung der menschlichen Vernunft. Sie ist das Ain-Soph, das Allumfassende, das die »Sephiroth« aushaucht. Sie ist leuchtenden Kelchen vergleichbar, deren jeder ein Ideal enthält, das der Evolution dient. Die Sephiroth bilden, schematisch dargestellt, den Lebensbaum, ein komplexes Sinnbild, das die Gesamtheit des Kosmos und die Seele des Menschen in seiner Beziehung mit ihm veranschaulicht. Demzufolge und im Sinne der Kabbalisten besteht eine enge Verwandtschaft zwischen dem Tarot und dem Lebensbaum, denn der Tarot konnte als verständliches Schema nur mit Hilfe der Zahlen, dem subtilen Ausdruck sephirotischer Überlieferung, entziffert werden.

Um den Einfluß zu verstehen, den der Lebensbaum auf Wahrheitssucher ausübte, die seit Jahrtausenden die Rätsel zu deuten versuchten, die Moses den biblischen Texten anvertraut haben soll, ist es zunächst wichtig, eine Überzeugung der Kabbalisten zu verstehen. Für sie stellt jedes Symbol des Lebensbaumes eine kosmische Kraft dar. Diese Kraft wird unmittelbar spürbar, sobald man über das Symbol meditiert. Es handelt sich also um ein »Yoga«, das durch Befolgung seiner Riten zum Verständnis der von den hebräischen Buchstaben gebildeten Symbole führt, wie auch zu ihrem Zusammenhang mit den Gestirnen, Farben, Blumen, Gebeten, kurz, ihrem Zusammenhang mit allem Seienden.

Die hermetische Gnosis ist älter als die Kabbala. Der Ausdruck »Kabbala« bedeutet Tradition, und sie könnte als jüngere Schwester der hermetischen Gnosis angesehen werden. Die allumfassende Kabale, die der hermetischen Gnosis entspricht, leitet ihren Namen aus dem Mythos ab.

Kybele, die Gattin des Kronos, verwandelte sich in eine Stute, um den Nachstellungen des Poseidon zu entgehen, des Gottes der Urwasser, denen alles Bestehende entsprang. Ihre List mißlang, da sich Poseidon in einen Hengst verwandelte, sie vergewaltigte und so den Keim aller Dinge des Lebens in sie legte.

Das Wort Kabale, französisch *cabale*, könnte also vom griechisch-lateinischen *caballus* (Pferd) stammen. Das Pferd ist symbolisch das Sonnenroß, eine Gottheit der Urwasser, die das Geheimnis der Fruchtbarkeit hütet. Es ist auch ein Tier mit magischen Fähigkeiten, ein Symbol, das seit Urzeiten in der Erinnerung aller Völker der Erde verwurzelt ist. Der griechische Mythos greift eine viel ältere Tradition auf, die aus der ägyptischen Geheimlehre stammt, der Wiege der heiligen Weisheit, deren Erbin sie wurde und die sie entwickelt hat.

Die Arkane des Tarot, ihre Bedeutung und die hier erläuterten Symbole berufen sich auf die Lehren der allumfassenden Kabale, die unter anderem auch im *Kybalion*, dem Buch der ägyptischen Magie, zu finden sind.

Die gnostische Tradition beruht vorwiegend auf mündlicher Überlieferung und auf den Lehren des Pythagoras, der dem Abendland das Mysterienwissen, in das er in Ägypten eingeweiht worden war, erschlossen hat. Die tiefreichende Verbindung der hebräischen Kabbala mit der allumfassenden Kabale ist offenkundig. Wie in der Bibel steht, war Moses in die Weisheit der Pharaonen eingeweiht. Er übermittelte also dem hebräischen Volk eine Überlieferung, die denselben Quellen entstammte. In jedem Fall war, aus verschiedenen Gründen, Geheimhaltung geboten. Die Pythagoreer waren darauf bedacht, Mißbrauch zu verhüten, denn die Erkenntnis der Dinge des Lebens verleiht Macht. Die Kabbalisten ihrerseits suchten in der Bibel nach den Geheimnissen, die Moses in den Heiligen Büchern verborgen hatte. Im Zuge der Glaubensausbreitung vermittelten sie zwangsläufig den Schlüssel zu der Macht, die Israel verheißen war. »Die Macht Israels kommt von den Zahlen, denn Gott hat alles mit Gewicht, Maß und Zahl gemacht« - so steht es im Buch Numeri, einem der fünf Moses zugeschriebenen Bücher des Pentateuch.

Die Zeit ist gekommen, einer erkenntnishungrigen Generation eine wesentliche Lehre zu vermitteln, frei von allen Zusätzen, die sie so oft entstellten. Aus diesem Grund ist im vorliegenden Buch der Tarot nicht auf die hebräische Kabbala bezogen. Trotz der großen Bedeutung ihres philosophischen Gehaltes ist sie an eine religiös-nationale Dogmatik gebunden, deren theologische Auslegung zwangsläufig den rabbinischen Lehren entsprechen muß.

Das Buch *Kybalion* ist verlorengegangen, aber die mündlich überlieferte Weisheit des Toth, den die Griechen Hermes nannten, den dreimal Großen, bezieht sich darauf. »Unter der Führung des Meisters«, heißt es, »öffnen sich groß die Ohren.« Öffnen wir also unsere Ohren, um die im *Kybalion* enthaltenen sieben Prinzipien in kurzgefaßter Form anzuhören.

1. Das sichtbare Universum spiegelt in seiner Einheit den Geist des Ganzen wider.

2. Das Prinzip der Übereinstimmung ermöglicht es dem Menschen, das Unbekannte vom Bekannten abzuleiten.

3. Alles schwingt, alles ist Rhythmus. Der Geist schwingt so intensiv, daß er in seiner Bewegung unbeweglich erscheint.

4. Alles ist doppelt. Der scheinbare Gegensatz der Dualität ist nur der doppelte Ausdruck einer Realität.

5. Alles, was die Bewegung des Lebens offenbart, hat einen Anfang und ein Ende.

6. Jede Ursache hat eine Wirkung, denn die Kausalität ist das Gesetz der Natur.

7. Das Männliche und das Weibliche eignet allen Dingen, den physischen, psychischen oder den geistigen.

Diese Grundsätze wurden, so heißt es, in den Arkanen des Tarot versinnbildlicht. Die Sinnbilder wurden jedoch im Laufe der Jahrhunderte entwürdigt, insbesondere in unserem »rationalen« Zeitalter. So ging der tiefe Symbolgehalt der Arkane verloren. Die Bildkunst des Mittelalters hat sich dem Zwang einer Epoche gebeugt, in der die Kirche ihre Meinung als einzige dem Menschen verständliche Wahrheit auferlegte.

Um so schwieriger ist es, eine umgestaltete Symbolik zu verstehen, deren bildliche Darstellung, die Haltung, Gestik und Kleidung abgebildeter Gestalten einbezieht, unweigerlich zu widersprüchlicher Deutung führt.

In diesem Jahrhundert sind Künstler bestrebt, Tarotkarten in neuer Weise zu entwerfen. Sie bemühen sich um eine größere Gefälligkeit der Darstellung, doch weniger darum, ihre tiefe Botschaft zu verewigen. Eher von kaufmännischen als von initiatischen Gesichtspunkten geleitet, wurden unzählige sogenannte Tarotspiele auf den Markt gebracht. Ein wahrsagehungriges Publikum begünstigte phantasievolle Darstellungen, doch entwertete damit eine Überlieferung, die ein heiliges Erbgut darstellt.

An bestimmten Wendepunkten der Geschichte jedoch haben die Erben die Pflicht, dieses Erbe anzufordern. Es gilt, den reinen Gehalt einer wesentlichen Erkenntnis wiederzufinden. Sie hat das geistige Abenteuer des Abendlandes grundlegend beeinflußt. Mag auch vielleicht die symbolische Grafik, wie sie der Autor entwarf, nicht die ästhetische Zustimmung aller finden: Sie spiegelt doch unverkennbar das Bemühen, jenen Weg zu weisen, der zur Wiederentdeckung wesentlicher Werte führt. Sie dürfen nicht vergessen werden. Wenn sie es nicht sind, ist nicht nur ein Ziel erreicht. Wenn sie nicht vergessen sind, ist das Spiel der Spiele aus seiner Tradition ins helle Tageslicht des Lebens getreten.

Abbildung der Tarot-Karten
in der Gestaltung
von Frédéric Lionel

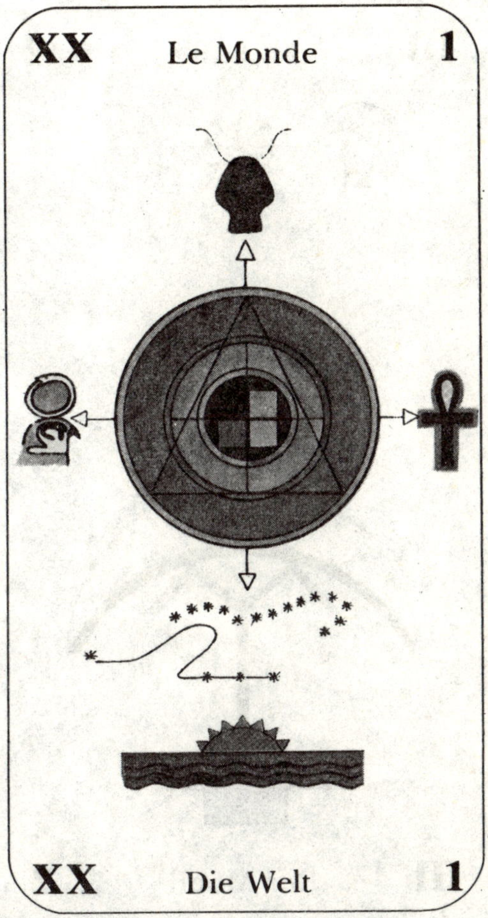
XX
Le Monde
1
XX
Die Welt
1

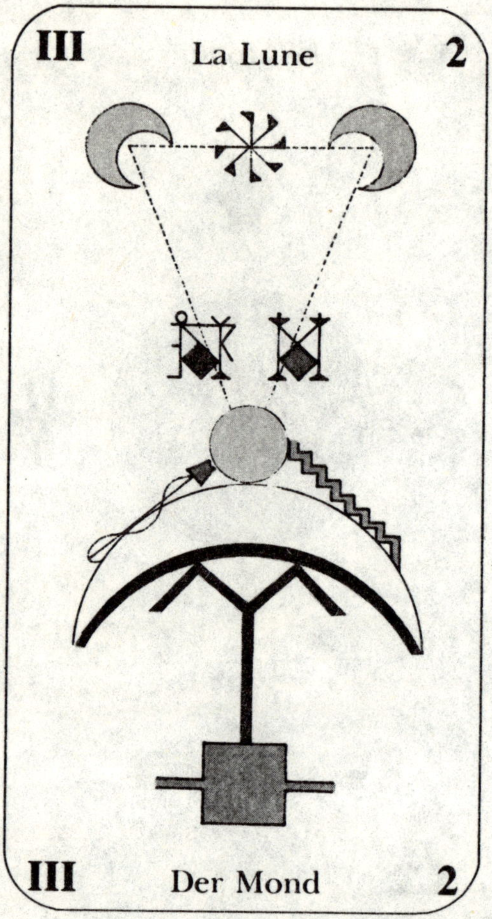
III
La Lune
2
III
Der Mond
2

V
L'Ermite
3
V
Der Eremit
3

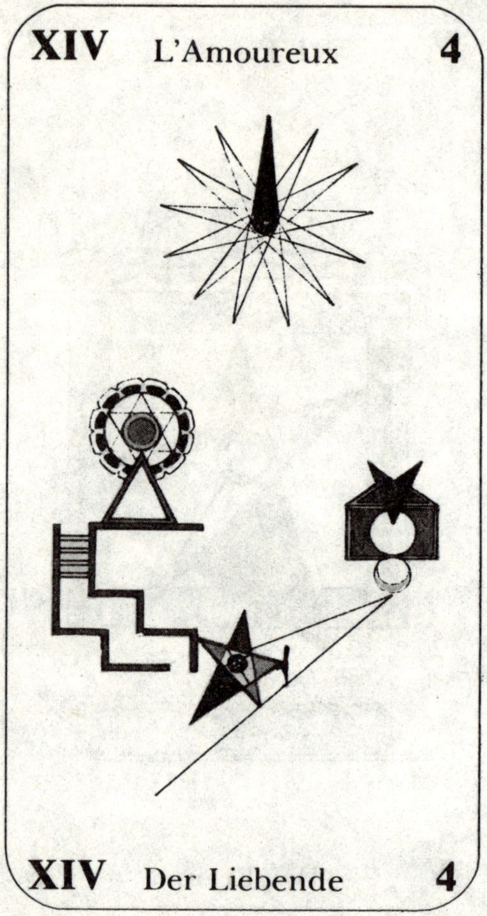
XIV L'Amoureux 4
XIV Der Liebende 4

XI
Le Diable
5
XI
Der Teufel
5

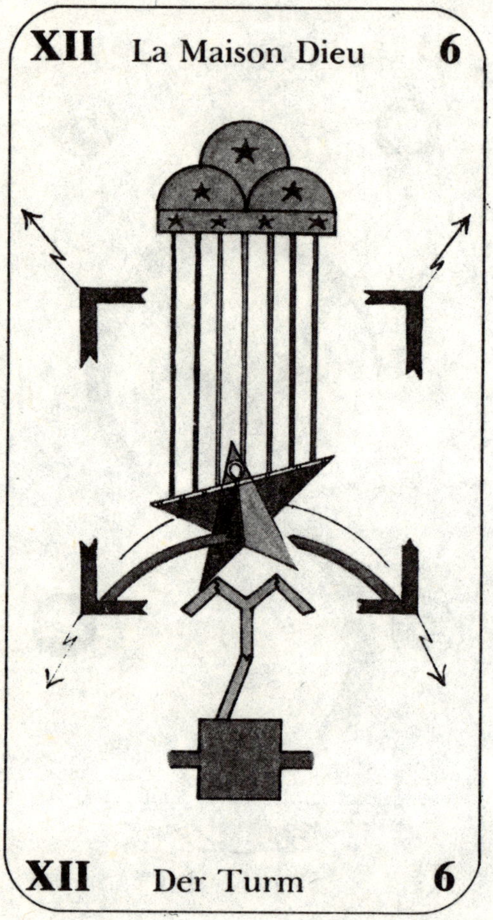
XII La Maison Dieu 6
XII Der Turm 6

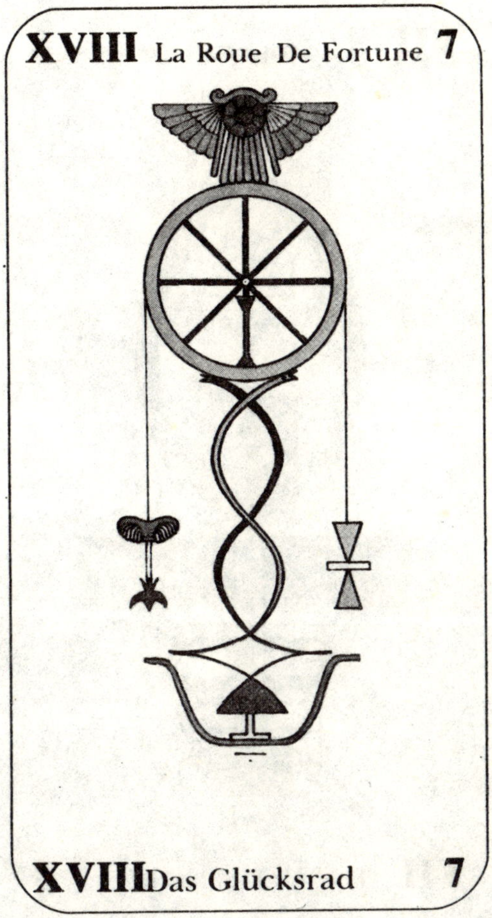
XVIII La Roue De Fortune 7
XVIII Das Glücksrad 7

VII L'Impératrice **8**

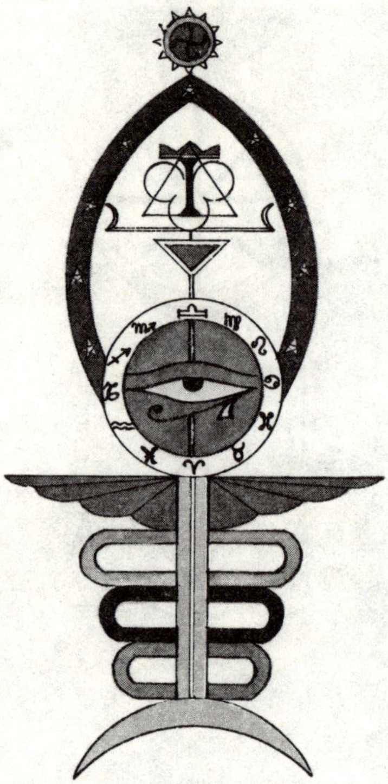

VII Die Herrscherin **8**

XIX Le Pendu 9
XIX Der Erhängte 9

VI
La Justice
10
VI
Die Gerechtigkeit
10

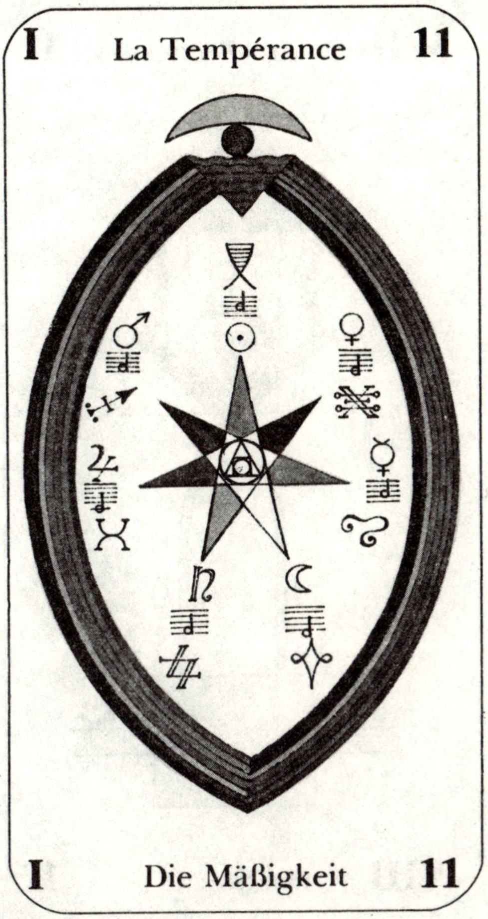
I La Tempérance 11
I Die Mäßigkeit 11

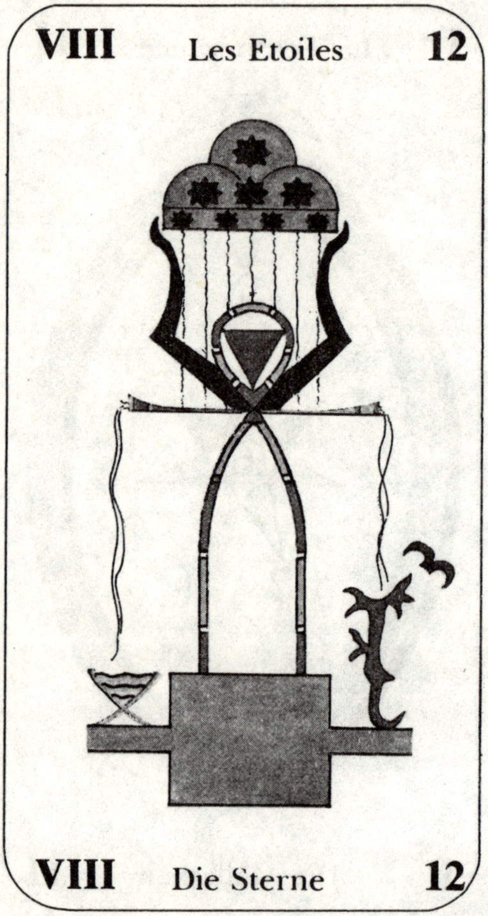
VIII Les Etoiles 12
VIII Die Sterne 12

XIII La Mort 13
XIII Der Tod 13

X
Le Maître
14
X
Der Meister
14

XV La Sérénité 15
XV Die Gelassenheit 15

IV L'Empereur 16
IV Der Herrscher 16

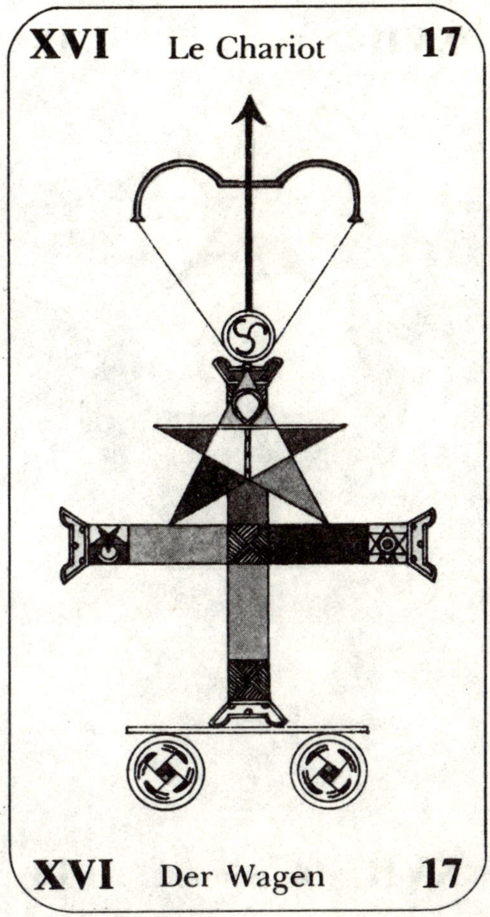
XVI Le Chariot 17
XVI Der Wagen 17

XVII Le Soleil 18

XVII Die Sonne 18

IX
Le Jugement
19
IX
Das Gericht
19

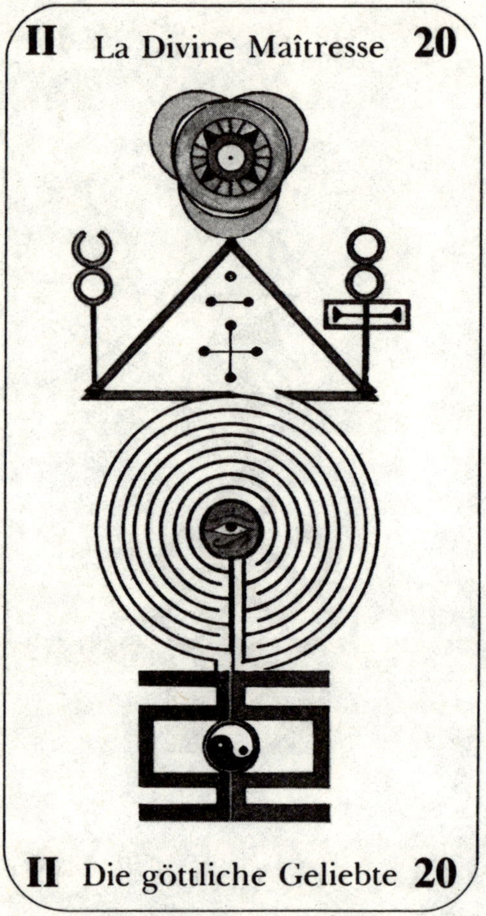
II La Divine Maîtresse 20
II Die göttliche Geliebte 20

XXI
Le Mage
21
XXI
Der Magier
21

Le Mat

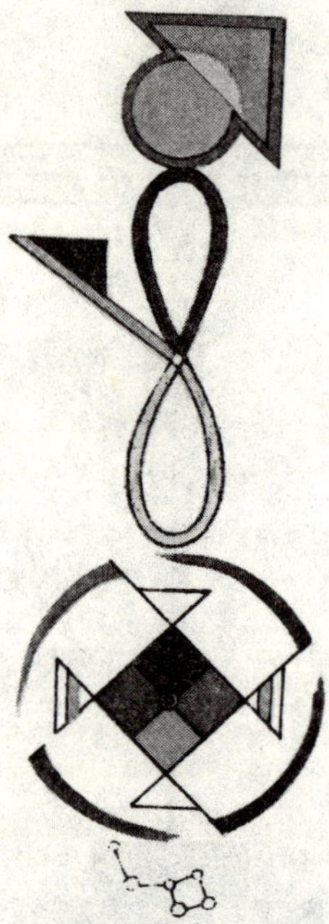

Das Matt